Извозчики

Сергей Максимов

Извозчики

ISBN: 979-8-88942-296-9

СОДЕРЖАНИЕ

ИЗВОЗЧИКИ

Издавна извоз составляет самый любимый промысел русского человека. Извоз можно даже назвать по преимуществу русским промыслом: в какую бы среду ни был поставлен православный переселенец и поселенец, он везде первым долгом поспешит обзавестись лошадью и сделаться извозчиком. Лошадка вывозила на первых порах изо всех бед и напастей всю русскую колонизацию, и колонизаторы наши редко умели осваиваться с местом без помощи извозного промысла. Так спасли себя (и разбогатели теперь) те наши сектанты (например, молокане и духоборцы), которые выселены были за Кавказ в среду недружественного мусульманского населения. Так между разнообразными выселенцами в Воронежской губернии извозом занимаются только русские. В Сибири, на Барабе, русские извозчики (возчики) успели даже выхолить из туземных пород особую породу обозных лошадей, и т. д. в бесконечность. Промысел извоза чрезвычайно прост и удобен, особенно для того, кому нет желания жить по чужим людям, далеко от родной семьи, и даже выгоден преимущественно, конечно, там, где много езды между торговыми городами и где торговая деятельность во всей своей силе. Когда не было еще ни железной дороги, ни почтовых и частных дилижансов, класс извозчиков был чрезвычайно многочислен. Теперь же, при быстром улучшении путей сообщения, заметно уменьшился он: опустели огромные ямы,[1] которыми усеян был путь между двумя столицами, много извозчичьих домов, существовавших лет по сто и более, покинули свое ремесло и сделались хозяевами легковых извозчиков. Но в тех из наших губерний, где еще нет шоссе, или если и есть, то недавно устроенные, извозчичий класс сохранился во всей своей простоте, со всеми своими оригинальными способностями.

В Сибири, например, по большому торговому тракту от Казани вплоть до Кяхты промысел этот сохраняется до сих пор во всей чистоте и неприкосновенности; особенно же сумел он уберечь патриархальное добродушие и невинные нравы и сохранил первобытными людьми тех, которые занимаются извозом в местах Сибири, где тракт разошелся с почтовым и

[1] ямы — ям, дорожная станция, на которой меняли лошадей.

потянулся по травяной степи — Барабе. Там простодушно-чистых людей, занятых извозом, иначе и не зовут, как дружками, а дружки они и потому также, что живут между собою в самой тесной приязни, не подъедая друг друга, и такою дружною артелью, которую никто не плотил, но которая, однако, ощутительно для всех существует и до сих пор никакими кабинетными правилами еще не изломана и не испорчена. Правда, что и эти извозчики китайских чаев и московской мануфактуры, с падением кяхтинской торговли и с заведением на сибирских реках пароходов, стали упадать силами и количеством, но качество их все то же. В недавнюю старину, в начале прошлого столетия, из этого почтенного сословия сумел выделиться и такой замечательный человек, как Анфилатов. Записавшись в купцы города Слободского (Вятской губернии), он по долговременном промысле доставки товаров самолично в Сибирь, а потом при помощи приказчиков по многим местам России, умел дойти своим собственным разумением до необходимости основания банка. Банк его, учрежденный в городе Слободском, был первым частным банком в России, сумевшим долгое время поддерживать заграничную торговлю слободских, вятских и орловских купцов чрез Архангельск и выразившим свою плодотворную деятельность, с другой стороны, в процветании ремесел, которые приходят в большее и большее развитие.

В таких глухих местах, где еще не пылят шоссе, не свищут ни локомотивы, ни пароходы, извозчичий класс до сих еще пор делится на два совершенно отличные один от другого типа, не говоря уже в общем, но даже и в частностях: на троечников, ездящих постоянно на тройке, редко на паре и решительно никогда на одной лошади, и на одиночников, наоборот, ездящих всегда на одной, на двух, редко на трех лошадях, но всегда вразнопряжку: на одной, двух и трех телегах, смотря по числу домашних лошадей. Одиночник никогда не запрягает тройку в одну телегу и весьма редко пару; с своей стороны троечник считает за стыд ехать на одной. Первый занят ремеслом по нужде, второй или троечник — чисто из любви и привязанности к нему, если только он сам хозяин, а не нанятый работник. Троечник всего чаще возит седоков побогаче: купечество и дворянство, и если доставляет товары, то всего чаще те, которые идут на дворянскую же руку: красные товары,[2] бакалею и т. п. Одиночник из живой клади доставляет крайнюю бедность: семинаристов на родину, солдат на

[2] красные товары —мануфактура, ткани.

побывку, а из товаров те, которые громоздки, посерей и подешевле: горшки, деревянную посуду, соль (для которой в южных местах России существует, также отживая свой век, особый промысел чумачества,[3] отправляемый вместо лошадей на волах) и так далее. Но скажем о каждом особо и сначала об аристократах.

I

ТРОЕЧНИК

У ворот постоялых дворов в дальних губернских городах, где-нибудь в Ямской или Московской, до сих пор еще толпятся несколько мужиков, легко одетых, по-домашнему: летом просто в рубашках, подпоясанных красным кушаком, зимою в полушубках, слегка накинутых на плечи. Это извозчики-троечники, поджидающие седоков и от нечего делать прибегнувшие к различным развлечениям: один, уместившись на облучке собственного или чужого экипажа и обхватив обеими руками увесистый ситник, удовлетворяет и аппетиту, готовому явиться по собственной воле хозяина во всякое время, и искреннему желанию приятно провести время. Другой, выпросив у дворника балалайку, сел на скамейке у самых ворот и потешает не столько соседа, сидящего рядом, сколько себя самого, охотника отколоть ущипкой какую-нибудь новую штуку в давно известной всем песне и на привычном ему инструменте. Двое поодаль, дружно ухнув, подняли громаду-тарантасище на толстой палке и, подставив дугу, начинают смазывать колеса. В другой стороне собрались охотники до видов и любуются проходящею семьею свиньи, другие заняты дракой уличных мальчишек, вполне сочувствуя ловкому удару одного, советуя взять побежденному противника под силки и доказать ему, что знай-де наших.

---

[3] чумачество — чумаками называли возчиков, доставлявших хлеб из черноземных губерний России к портам Черного моря.

Но вот подходит какой-то господин. Извозчики разом смекнули, что это седок, и окружили подошедшего.

Объявляется место поездки и неимение собственного экипажа.

— Так, стало, у вашей милости нет своей кибитки?— переспросят ребята.— Что ж, ничаво, могим и свою снарядить.— И почешутся.

— Знамо уж, свою надыть, коли нетути ихней,— заметит другой и в размышлении продолжает рассуждать:— Вестимо, без кибитки плохое дело; дождичек пойдет — мочить будет и все такое... Так, выходит, и телега наша, все как есть наше, а вашей милости, значит, только сесть да и ехать.

— Все как следует примерно,— увлеченные размышлением соседа, говорят его товарищи.

Наступает глубокое молчание, которое нарушает седок вопросом о цене.

— Кака цена? Шашейные-то[4] вы, что ли, платите?— спрашивает один.

— Разумеется, уж ты все бери на себя, а мне чтоб никаких беспокойств не было.

— Вестимо, вам надыть спокойствие... А вас сколько примерно поедет?

— Двое.

— Стало, клади у вас немного, не отяготит: чемоданчик, подушки...

— Одеяло,— подскажет один.

— А скоро ты меня повезешь?

— Да уж это как вашей милости будет угодно; лошади у нас хорошие, мешкать не станем. Как прикажете, так и поедем.

Снова наступает молчание, прерываемое обыкновенно опять вопросом о цене. Немного подумавши и переглянувшись с товарищами, торговавшийся решительно говорит свою цену.

— Да что, барин, без лишнего: двадцать рубликов с вашей милости взять надыть.

Нанимающий страшно озадачен запросом и не соглашается на предложение.

— Эй, барин, не дорого! Пора-то, вишь ты, рабочая, никто меньше не возьмет... Будьте уж не в сумлении.

Один новичок берет 18, ему обещают 12.

— Нет, барин, эдак уж совсем несподручно. Что скупиться-то, говорите делом. Вон молодец-то, пожалуй, берет и

---

[4] шашейные — шоссейный сбор, взимавшийся с каждого экипажа на заставах, стоявших при выезде из городов,

восемнадцать, да вы с ним и жизни-то не рады будете, измучит вашу милость, как есть измучит... Двои суток проваландает, ведь у него вся тройка с сапом и хромает, а мы бы вашу милость и в одни сутки приставили.

— Хочешь тринадцать и ни гроша больше.

— Нет, барин, видно, тебе ехать не надо, коли так упираешься!— заключают как бы обиженные извозчики и отойдут несколько в сторону от вышедшего из терпения седока.

— Ну, слышь, сударь, ладно!.. Будем толковать настоящее дело,— говорит опять рядчик вслед уходящего седока.— Девятнадцать берем, коли хошь, а то как знаешь...

Седок, однако ж, упорен в своей цене.

— Эй, право, какой ты барин несговорчивый, ну... восемнадцать с полтиной.

— Тринадцать и ни копейки!— говорит уже выведенный за границу терпения нанимающий и вполне убежденный в том, что, набавивши рубль, придется прибавить и другой и до конца сделки выдержать роль набавлятеля. Тогда, в свою очередь, с тем же упорством не будут поддаваться извозчики и заставят-таки дать требуемую ими цену. И потому, обсудив, что барин-де кремень, как есть, значит, кремень, его не сломаешь — сразу видать, что не впервые едет, благо, хоть дает-то не десять рублев, несходную цену, извозчики непременно вернут седока.

— Слышь, почтенный... ну, вот уж и осерчал. Ведь мы не сердились же, слушали и твою цену: запрос — не обидное дело. Какое ваше последнее слово, да и по рукам.

— Сказано вам — тринадцать.

— Ну ладно, ладно... берем, хоша и не повадно маненько, да уж, видно, барин-то хороший. На чаек-то уж пожалуйте, ваше благородие!— заговорит сторговавшийся вкрадчиво-льстивым голосом, снявши свою шапку; его примеру следуют и товарищи, низко кланяясь победителю.

И будь седок хоть и в самом деле, кремень, но на водку даст-таки, хоть даже и из чувства самодовольства, не говоря уже — от радости.

По уходе пассажира начинается обоюдная сделка: если сторговался хозяин постоялого двора, то он посылает очередного своего работника, или, если выгодно ему передать за меньшую цену другим, он начинает с ними торговаться. По большей же части дело кончается проще — метанием жеребья: извозчики или вытаскивают из мозолистой руки собрата узелочек пояса, или перебирают рукою на тут же валявшейся палке, или же, наконец, вынимают условную вещь из шапки —

будет ли это с известной отметкой щепочка, камешек, ломаный грош с оттиском зуба и т. п.

Большею частью, при всех подобного рода сделках, извозчики, с общего согласия, выбирают рядчика — человека привычного, опытного в этом деле и, конечно, честного. Избранный облекается полною доверенностью остальных, вполне убежденных в том, что он несходно не сторгуется и никогда не допустит выскочку-новичка, не участвующего в сотовариществе, отбить седока. Новичок поедет с седоком разве в таком случае, когда возьмет чрезвычайно дешевую цену, которую никогда бы не взял опытный извозчик и которой ему самому хватит только на прокорм себя и лошадей, а о барыше, при всей бережливости, нет и помину. Поэтому троечники составляют из себя род некоторого общества, основанного на общем интересе — возить седоков не дешевле заранее положенной, по общему уговору, платы.

Сторговавшийся троечник обыкновенно везет седока до места с кормежкой и тогда, конечно, в полном распоряжении своего пассажира, от которого вполне зависит и срок времени, которое придется быть на станции, и, наконец, самая езда. Троечник, подрядившийся до места, беспрекословен к понуканьям и требованиям остановиться. Но по большей части все троечники возят на сдаточных и в таком случае всегда целую компанию пассажиров. Нанявши троечника, дают ему полное право приискать попутчиков, не претендуя уже на то, если придется выехать позднее обыкновенного срока и в компании человек шести и более, потому что извозчик, везущий на сдаточных, мало обращает внимания на то, тяжело ли будет его тройке, зная, что на следующей станции его сменит новый ямщик на свежих лошадях. Собравши своих седоков, извозчик дает им клочок бумажки, где расчислены деньги, следующие к выдаче на каждой станции, и предлагает кому-нибудь из пассажиров быть чем-то вроде кассира или, по их выражению, плательщиком, и вручает ему деньги, сторгованные за проезд, с вычетом барыша и денег за первую станцию. Барыш, конечно, остается в пользу рядчика или того, кто первый повезет седоков. В огромном, крытом со всех сторон тарантасе, получившем в последнее время на языке извозчиков громкое название дорожного вагона, отправляется поезд. Каждый пассажир здесь уже в полной власти извозчика — он не может претендовать[5] ни на тихую езду, ни на неловкость

[5] претендовать —в данном случае означает "быть в претензии".

сиденья и при первой попытке высказать свое неудовольствие озадачивается резонным ответом:

— Уж мы не впервые ездим — знаем все заподлинно, и нас не учить стать; видали, примерно, всяких. Ведь вон сидят же другие господа — ничего не говорят... А коли неловко — сядь половчее; сказано, всяк о себе старается, а ведь и те такие же деньги платили...

Последнее замечание не всегда бывает справедливо: весьма часто седок, к полной своей досаде, узнает от соседа, что передал лишних два рубля, тогда как очень часто другой сосед заплатил вдвое дешевле обоих, потому что уж не впервые в дороге и знает обыкновения извозчиков. И успокаиваемые собственными промахами, седоки дают зарок не давать другой раз лишку и не беспокоить уже извозчика понуканьями, вперед уверенные в том, что легче взять с него этот лишек, чем заставить изменить привычке — ехать по собственному усмотрению, а не по желанию и прихоти пассажиров. Во всяком случае, извозчики помнят обещание и верны в данном слове — предоставить на место в условленный срок, и разве часами двумя позднее (но не более) седоки увидят цель своего путешествия.

Место родины хозяина-троечника — какое-нибудь торговое село, где отец его содержит постоялый двор, а следственно, и занимается извозом. Еще с малолетства отец приучает ребенка к будущему его ремеслу. Поедет ли в поле треножить лошадей или просто привести их на двор для впряганья, он сажает своего парнишку на лошадь впереди себя и дает ему в руки поводья; нужно ли съездить в соседнюю деревню за овсом или сеном, он смело вверяет это поручение своему восьмилетнему сыну. Ребенок до того привык к лошади, что ему нипочем проскакать галопом по целому селу на речку, чтобы там напоить или выкупать лошадей; даже в детские игры ввел он езду на тройке сверстников, делая замечания коренной бежать рысью и как можно больше подымать ногами пыль, а пристяжным бежать вскок и держать голову как только возможно больше набок, а сам, развалясь в санках или тележке, вполне наслаждается плодами своей опытности.

Мальчику исполняется двенадцать, тринадцать лет — возраст, когда отец считает его способным управлять тройкой и достойным того, чтоб доверить ему седока.

— Ты смотри, вызволи меня, постреленок!— говорит последний, боясь вввериться неопытности мальчика.

— Да небось, барин, не вывалим, нешто не знаю: вот Сивко маненько рысист, так мы его посдержим, а уж коренной

Воронко хоть и с норовом, да меня теперь не надует,— отвечает новый извозчик, судорожно сжимая кучу вожжей, в первый раз в жизни, к несказанной его радости, очутившихся в его руках. Отец, низко кланяясь, упрашивает вашу милость не сомневаться и дает приличные наставления сыну.

— Смотри ты у меня, лошадей не задергивай, под гору — спущай, на гору во все лопатки; уважь их милость! А то коли что не ладно, смотри ты у меня, сыч, дам такую таску, что до новых волосьев не захочешь. Телегу-то помазать попроси там кого-нибудь. Без подмазки не езди: оси горят. Да слышь, не забудь! Там долго-то не балуй, не вертись — покормишь, да и с богом назад. Эй, легонько, дурак, пристяжных не задергивай!.. Коренника-то осади... под гору легонько. Эй, не хлещи! Говорят те не хлещи!— кричит отец вслед отъезжающей кибитке.

Но первое доверие оправдалось: телега цела и, как видно, смазана, лошади не в мыле, да и мальчишка прибыл своевременно.

— Поди,— говорит обрадованный и довольный отец,— поди в избу, там тебе матка пряженцов напекла, да уж оставь, оставь шлею-то... без тебя сделаю. На вот, возьми вожжи, снеси в избу, а уж здесь и без тебя сделают.

Обучение кончилось. Мальчишка с этих пор уже частенько получает подобного рода поручения, теперь уже ловко подбирает правую полу и засучивает ее за новый красный кушак, подаренный отцом за способности. Крепко наметавшийся в своем деле и сделавшись к нему привычным, теперь, пожалуй, он и посмеется недоверчивости седока, лаконически ответив:

— Нешто впервые? Не с эдакими-де езжали.

Отец только посмеивается бахвальству парнишки и ни за что не согласится отказать сыну в удовольствии и только скажет, когда уже все готово: "Ну, с богом! Благослови господи! Прощай, барин, счастливого пути!"

Лет через пять или шесть отец совершенно перестает ездить, предоставивши это дело сыну. Сам только и делает, что рассчитывает извозчиков за обед и сено да изредка чинит порвавшуюся сбрую.

Но вот приблизилась пора заменить и старуху. "Пора женить парня",— думает отец, рассчитывая взять молодицу у такого соседа, который занимается также извозом. Когда дело слаживается, все хозяйство передается на руки молодых. Теперь у отца только и дела, что копошиться в углу: пускай-ка де теперь молодые сами поломаются, а наше дело со старухой киселя поесть да лежать на печи аль на полатях. Теперь, благодаря бога, все сделали, что могли, немного надо: саван сошьет сын, так и тем будем довольны — рассуждают старики, радуясь на новых хозяев.

Молодой начал с того, что перекрыл двор новой соломой, давно уже лежавшей в запасе, приделал новые березовые колоды кругом двора. Самый двор усыпал свежей соломой, переклал печи и украсил горницу, назначенную для почетных проезжающих, картинами, купленными им у проезжего офени-владимирца. Извозчики, по старой привычке, все еще въезжали к нему — и не раскаивались: молодая хозяйка кормила их славной лапшой и кашей, которые как-то и покрутее сделались, чем у старой, да и наливает-то она как-то побольше и пощедрее. Завела она пироги, чего у стариков не было,— одним словом, ведет и она свое дело не хуже, коли еще не лучше мужа. И вот вследствие таких-то обстоятельств, а еще главнее вследствие того, что новый хозяин охотно дает и обед и корм лошадям в кредит,— обстоятельство весьма важное для извозчика, особенно если он подрядился до места не брать с седока денег,— мало посещаемый прежде постоялый двор по целой дороге сделался известным за самый лучший и выгодный.

Всякий извозчик и своему брату, и барскому кучеру, впервые едущему с господами на своих, посоветует остановиться у свояка. И вот, глядишь, у нового хозяина и изба выстроилась новая, и вместо одной горницы для господ проезжающих у него явились две и обе вдвое просторнее прежней. И зажил он себе припеваючи: в доме у него теплынь, а в хозяйстве тишь да крышь да благодать божья, нет ни в чем недостачи. Зачем бы, кажется, ему подвергать себя и зимней вьюге, в которой ничего нет хорошего — сечет она ему немилосердно лицо,— и летнему зною, который безжалостно производит загар на его лице и мускулистой широкой шее? Но страсть, привычка вечно быть на козлах не дает ему покоя и влечет на новые предприятия. "Так отец мой делал,— думает он,— и не след и мне покидать ремесла; мастерства я никакого не знаю, а плотники питерские не лучше меня живут: знать, уж и умереть доведется извозчиком, да и парнишке передать мою волю — не покидать извоза. Только немного неповадно ездить одному, без товарищей, и лошадям тяжело, да и сам ину пору по неделе не бываешь дома, ладно, кабы взяли на пай возить на сдаточных: оно все бы лучше было, а то все у ворот стоять как-то неладно стало".

И вот однажды за чашкой чая в городском трактире сам извозчичий хозяин предложил честному мужичку идти в долю и возить на сдаточных — обстоятельство весьма важное в жизни извозчика! Если парнишка еще малолеток и нет в доле брата, извозчик нанимает батрака и на лишние деньги покупает новую тройку: теперь ему гону много будет, успевай только пошевеливаться. И будь он немного изворотлив и бережлив, дела пойдут ходко: явятся новые планы, при деньгах весьма легко исполнимые, только умей заслужить доверие собратов. При удаче он делается необыкновенно смел и предприимчив.

Раз как-то стороной он услыхал, что в городе передается постоялый двор и старый хозяин ищет покупщика, который вел бы его хозяйство и был ему известен; у смельчака мгновенно родится в голове новое предприятие — купить этот двор, покинуть родную деревню и выписаться в мещане, — предприимчивость влечет его туда неудержимо. Никому не сказавши о своем намерении, он поехал в город, сторговался со свояком, отдал половину денег, остальную же ему, как мужику честному, поверили и, возвратись в деревню, объявил он жене неожиданную весть.

— Где уж нам в городе жить, жили в деревне — хорошо было, а там, бог весть, что будет — может, и помрем.

— Полно, баба! Помереть помрешь и здесь. А и в городе люди не лыком шиты. Что тебе деревня-то, а там и человек другой... Да что тут с тобой растабарывать? Сказано: волос длинен, да ум короток; нечего мешкать, дело сделано — собирайся!

Нагрузив несколько возов, он отправил их в город, потом сам перевез семейство. На первых порах в нем будто проснулась как бы на время затаившаяся страсть к извозничанью он года два еще ездит с охотой и все так же, как и прежде, т. е. на сдаточных. Но скоро сделалась в нем непонятная перемена: извоз, с которым он свыкся с измалетства, ему опостылел, ничто не заставит его выйти на улицу выжидать седоков. Нужна особая рекомендация, чтоб он взялся вас прокатить, и уж если запросил какую цену — ни копейки не уступит, лучше и не торгуйтесь, скорее не поедет, чем возьмет меньше запрошенного. Видно, что уже не нужда заставляет его ехать с вами, а эта страсть поездить — покататься. Здесь он прежде всего делаег удовольствие себе самому и потому на обратный путь для шутки возьмет иногда чрезвычайно дешево, так что вам самим смешно и странно покажется, и повезет вас так, как никто не возит и как сам никогда не езжал прежде: на сотне верст у него одна упряжка и то на короткое время, бог весть, когда успевают наедаться и отдыхать его лошади. И что за чудо его лошади! Ни один извозчик не проедет мимо, чтоб не мызгнуть губами и не сказать вслух: "Славные рысачки, говорят, на Вятку сам ездил, по пятисот рублев дал за каждого живота".

В начале путешествия он невыносимо молчалив и как будто важничает. Вот зарябили по сторонам и на пути деревеньки. От нечего делать седок желал бы знать их названия, в надежде разговориться с ямщиком, но отрывистые слова "починок", "задний двор", "середний двор", "передний двор" решительно отбивают последнюю надежду разговориться с ним, Видно, что ямщик еще как-то не разошелся.

Седок начинает дремать, утомленный однообразием полей, засеянных овсом и рожью, рожью и ячменем, изредка прерываемых густым перелеском еще с более скучным однообразием стволов или можжевельника, или березы и сосны. Кибитка незаметно въехала в большую деревню, при самом въезде в которую торчит маленькая избенка с крылечком посередине. На фронтоне крылечка виден приманчивый знак — пучок засохшей порыжелой елки — признак питейного. Извозчик поехал мелкой рысцой немного подальше вперед, осадил тройку и, повернувшись вполоборота к седоку, просит позволения промочить горло. Промачивание продолжается недолго, но в сытость, после чего извозчик успокоит седока приличным замечанием.

— Небось, барин, наверстаем!— говорит он, покрякивая и поглаживая бороду.— Маненько позамешкались, да ничего, держись только! Так-то махнем, что старикам на печи икнется, а старому свату живот подведет. Эй вы, распрекрасные, дети любимые, уважьте... ой, ударю!— и, громко взвизгнув, он только махнет вожжами, и обрадованная тройка вихрем мчит вас вперед.

Тогда не попадайся навстречу развеселившемуся троечнику ни один одиночник: он сразу осмеет его с ног до головы и ввернет обидное замечание.

— Эй ты, ворона, вишь как развалился, словно знать никого не хочет! Гляди, гужеед! Ведь ось-то в колесо попала! Коней надорвешь — по миру пойдешь, глянь-ка: всех ведь в мыло загнал. Эх ты, сипа-сипа: ешь ты сыто, мякину да горох, что дедко стерег.

Не утерпит остряк, чтоб не отпустить приличного комплимента и деревенским девушкам, толпою идущим за грибами, и резкого, бранного замечания деревенским ребятам, вечным спутникам последних в их прогулках и занятиях.

Вот минута, когда седок смело может положиться на

словоохотливость ямщика и узнать у него не только подробные биографии всех владетелей мелькнувших в стороне и на дороге усадеб, но даже душевные склонности и привычки помещиков. Про деревни и спрашивать нечего: хозяина каждой избы он знает по имени и вообще обнаружит в себе человека бывалого, который из семи печей хлеб едал, не морщился. Если пассажир не соскучится слушать его болтовни и крепко понравится извозчику, последний готов его поважить песенкой, сначала любимой, потом, пожалуй, и по заказу седока, какой он захочет и сам пожелает. Коренные песенники, кажется, теперь только в среде этого сословия и удерживаются.

Одним словом, нет услужливее, словоохотливее троечника, подрядившегося до места. Исполняя всякое требование седока, он сам, со своей стороны, чрезвычайно уступчив и невзыскателен. Требования троечника ограничены: зимой — дозволение погреться в питейном, а чтоб дать вздохнуть лошадям — веселая беседа с седоком, достаточно вознаграждаемая живым участием и вниманием к разговору. Летом, когда по деревням на дороге начнутся праздники и веселые хороводы девушек, окруженных густой стеной любезников-ребят, наполнят деревенские площадки около часовни, а толпы подгулявших гостей-мужиков переходят из избы в избу попить-поbражничать,— тогда извозчику-троечнику достаточно, если милость ваша будет, забежать к свояку поздравить его с праздником. Не пройдет и десяти минут, как извозчик в сопровождении хозяина и хозяйки той избы, около которой остановилась его тройка, выйдет к снисходительному седоку, пропустив вперед свояков, с низкими поклонами будет потчевать крепкой брагой и праздничными пирогами.

— Да не погнушайтесь, ваша милость, взойдите в избу нашей хлеба-соли отведать, чем богаты, тем и рады! —скажут, низко кланяясь, хозяева.

Русское радушие и гостеприимство не замедлят вознаградить за потерянное в угощениях время, а еще более разгулявшийся извозчик наверстает и привезет в обещанный срок к назначенному месту.

Таков троечник больших почтовых трактов, где много езды, а следственно, и проезжающих. Добрый, разговорчивый, привычный к своему седоку, охотник побалагурить и поразговориться, услужливый и беспрекословный на большом тракте, он делается совсем иным человеком, как будто перерождается там, где меньше езды и где он как будто лишен сообщества людей и товарищества и делается человеком прямо и безотносительно занятым собственным интересом поживиться, и поживиться не только на счет седока, но даже и своего брата-извозчика.

Есть чрезвычайно много в огромной России таких трактов, где не пролегает торговой дороги, но где также изредка бывают проезжающие, имеющие нужду в извозчиках. Здесь обыкновенно в какой-нибудь деревне, верстах в пяти-шести от города, найдется мужичок, имеющий пару лошадок (третью он выпросит у соседа, если потребуется надобность непременно в тройке) и даже в рабочую пору, ненадолго, готовый ради лишнего рубля прокатить проезжающего. Отысканный непременно по знакомству и особой рекомендации, он запрашивает огромную плату, вполне уверенный, что он нужен, крайне нужен, что без него дело не обойдется. Проезжающий, употребив всевозможные средства в отыскании других, снова обратится к нему, согласный на запрошенную цену. Не проедет извозчик десяти верст, как уже передает седока другому, при седоке же торгуясь с новым извозчиком, при нем же уступая его за треть условленной платы. При этом, конечно, сопряжено бесчисленное множество неприятностей: часто везут седока, противно условию, на паре и не так скоро, как бы желал он, потому что впряженные лошади совсем не дорожные, а простые, изможденные — рабочие. Наконец, случается и то, что несчастного пассажира часов пять возят из одной избы в другую, из деревни в соседнее село, чтоб сбыть его посходнее и прибыльнее. С ужасом недоумевает несчастный, отдавая, по прибытии на место, не менее его несчастному последнему извозчику — жертве корыстолюбия его собратов — ничтожную сумму, доходящую иногда до полтинника и менее.

Напротив, троечник больших торговых дорог только летом, когда он вместо себя для домашних работ должен нанимать работника, и выгоден зимой, когда корма бывают дешевле и езды больше, потому что и питерщики[6] едут домой, да и у школьников бывают каникулы.

В заключение очерка должно сказать, что редко, почти даже никогда не случается так, чтобы сын троечника покинул ремесло отца. Оно, можно сказать, делается наследственным в роде, переходя от отца к сыну, и нередки случаи, что попавшийся современному путешественнику извозчик уже десятый в роде занимается извозом. Редкий также случай, чтоб

---

[5] питерщики — плотники, ходившие "в отход", на заработки (преимущественно в столицу — отсюда и прозвище).

троечник сделался одиночником, разве сгорит все его имущество, кроме его любимой тройки, или другое какое горе сделает его бедняком, но не отобьет у него охоты и привязанности к прежнему ремеслу, с которым он свыкся от колыбели и пристрастился по обстоятельствам.

Напротив, множество бывает случаев обратных, т. е. одиночник делается троечником с охотою и искренним желанием заниматься ремеслом и выгодным и прибыльным, но только впрочем, в таком случае, когда ему, что называется, сильно повезет. Большею же частью одиночник, достигнувши своей цели, т. е. подновив или переделав избу и поправив хозяйство, снова берется за старое свое ремесло — пахаря, без всякого сожаления к покидаемому временному. Избалованный же своим ремеслом троечник ни за что в мире не согласится сделаться одиночником и скорее пойдет на почтовую станцию ямщиком или легковым извозчиком в столицу, чем покажется всем знакомым своим не лихим троечником-запевалой, а гужеедом[7]-одиночником.

Прямое, резкое отличие троечника от одиночника, конечно, кроме тройки, это сапоги — валяные зимой и кожаные летом,— синий кафтан внакидку на красную рубашку и плисовые шаровары летом; теплая непотертая шуба баранья, высокая шапка зимой, заменяемая в жару низенькой пуховой шляпой, в которой вечно торчит павлинье перо, иногда даже два или три вместе. В шапке и шляпе всегда найдется у троечника красный платок — подарок жены или полюбившей его девушки, в сапоге уж всегда и непременно маленькая коротенькая трубочка, а в широких шароварах кисет с самбраталическим, имеющим свойство всякого курящего заставить раз сто плюнуть и крякнуть, прежде чем выкурится крохотка-наперсток трубочка. Вот все, что только любит брать с собою в дорогу троечник, да разве путь лежит мимо родной деревни, куда забежит он повидаться, и старая мать или молодая жена сунет ему за пазуху тряпку с пирогом. Таковой он немедленно же и истребляет, зная, что по дороге много к услугам его и постоялых дворов с дешевым обедом, и потому-де запас тут лишняя вещь, ни к чему путному она не ведет.

---

[7] гужеед —прозвище, данное кучерам, вероятно, за то, что у одноконных повозок велик расход гужей (сыромятных ремней или, редко, мочальных плетей), которыми оглобли телеги крепятся к дуге. На тройке в оглоблях идет только "коренник", а две "пристяжные" тянут постромки. Следовательно, расход гужей у троечника относительно ниже.

Тихо и незаметно умирает троечник, завещая сыну любимое свое ремесло и последнюю главную волю — похоронить на родном погосте, где лежат все родные под покривившимися деревянными крестами, немного поодаль от каменной церкви соседнего села, в котором он был когда-то прихожанином и молельщиком.

II

ОДИНОЧНИК

Отец одиночника, простой мужик-пахарь, вовсе не занимается воспитанием сына, предоставляя это дело жене — хлопотливой крикунье-бабе, или лучше самой природе. Мальчишка, который два года поползает на грязном полу отцовской избы между овцами и телятами, столько же времени поваляется в грязи и пыли деревенской улицы, с раскрытым ртом удивляясь невиданным диковинкам — от простой крестьянской телеги до затейливых старинных дрожек проезжей старушки помещицы; потом несколько лет походит с ребятишками-сверстниками за грибами и ягодами, раз по десяти в день купаясь в соседней реке-луже. Лет шестнадцати он уже принимается за серп и косу, вовсе не думая о своем будущем ремесле. Наступит зима со своими холодами и бездействием; мужику осталось завалиться на печь или сесть в угол и тачать свой неуклюжий лапоть, но во дворе у него пара лошаденок и двое саней — тут уж как-то не хочется быть в бездействии, особенно если за мужичком состоит недоимка. И вот, по совету соседа, мужичок подновит свои сани, починит сбрую и отправится в соседний город за товаром; здесь земляк найдет ему доверителей свезти пеньку, шерсть, муку в губернский город и обои сани нагрузит этим добром до самого верха. В огромном обозе длиною с версту потянулась и пара лошадок новобранца-извозчика вслед за другими. Сложивши в городе кладь и получивши расчет, ему остается или опять искать оказий, или просто ехать порожняком. Приятель-земляк и тут его не оставит и выручит из беды: найдет ему целую кучу седоков на обои сани, так что доехать до деревни ему придется не только даром, но еще и с излишком, а расчет за кладь весь почти останется целым в его кошельке.

Подобного рода оборот чрезвычайно полюбился мужику по очень простой и естественной причине: у него нашелся и лишний грош в хозяйстве, и случай коротать полезно и выгодно зимние ночи. Мало-помалу одиночник заводится знакомством и начинает возить исключительно одних седоков, и только разве за неимением последних возьмется за кладь. Глядишь, каждую зиму он является в городе и где-нибудь за углом выжидает своих седоков, каких-нибудь семинаристов или гимназистов, пользующихся вакацией. Пройдет зимы три-четыре, и у одиночника завелись седоки постоянные, знакомые, которые избавляют его от необходимости стоять за углом и уже сами отыщут его где-нибудь на печи или полатях постоялого двора. Торговля с ним короткая, цена за проезд известная, незначительная. Всякий из седоков знает и своего извозчика и то, какое число пассажиров любит он сажать в свои широкие пошевни, называемые им креслами, а потому никто и не претендует, если он посадил лишнего и выедет позднее, чем обещал, да и повезет мучительно тихо, потому что всякий знает, что ни один одиночник не любит делать больше шестидесяти верст в сутки и меньше четырех станций на стоверстном пути. Даже эти станции или привалы, самый постоялый двор, где остановятся, известны каждому седоку как нельзя лучше, наконец, имя и хозяина и хозяйки его, и число часов, которые доведется просидеть в душной избе или рассматривать затейливо пестрые и занимательные суздальские картинки, которыми увешаны стены пассажирской горницы. Досужий гимназист найдет достаточно времени, чтобы разобрать все надписи, которыми унизаны и потолок и стены, наконец, и сам найдется, чтоб и по себе оставить приличное воспоминание в стихах следующего содержания:

Здесь мы были,
Чай пили,
Яичницу ели
И трубку курили.

Пока седоки пьют чай или едят яичницу, изготовленную услужливой хозяйкой, извозчики распрягли лошадей и задали им сена. Один за другим входят они в избу и, предварительно помолившись и поздоровавшись с хозяевами, начинают разболокаться. Снявши полушубки, одиночники являются в рубашках, подпоясанных тесемкой с болтающимся на ней медным гребешком, которым тотчас же и приводят в порядок растрепавшиеся волосы.

— А что, хозяюшка, не покормишь ли ты нас?— заговорит один, покрякивая и почесываясь.

— Да вы все ли тут пришли, нет ли кого на дворе? — спросит хозяйка и, получив в ответ лаконическое "кажись бы все", начинает накрывать на стол: положит коротенькую скатерть, поставит солоницу — четырехугольный деревянный ящик с такой же крышечкой, открывающейся кверху, каравай хлеба, сбегает в погреб и в ендове принесет квас, наконец, начнет копаться около печи. Извозчики залезают за стол, крайний берет нож и рушает хлеб, остальные в глубоком молчании ожидают варева. Приходит хозяйка и на деревянной тарелочке приносит говядину, половину которой тем же порядком и крошит сидящий с краю. Является огромная деревянная чашка со щами, сюда складывается приготовленное крошево; сидящий в переднем углу под образами начинает есть — его примеру чинно, не торопясь, следуют остальные.

Щи съедены, только на дне чашки осталась непочатою говядина; застучат ложки по столу, и хозяйка снова в другой, третий, четвертый раз подливает щей. Едят-едят, да вдруг все и перекрестятся: чему обрадовались?

Куски пошли! (настало время за крошево приниматься). За щами является лапша и съедается с тою же невозмутимою тишиною, нарушаемою только стуком ложек или просьбою подбавить еще немного лапшицы и передать сукрой хлебца.

Когда съедается лапша, разговор начинает как будто навязываться. Какой-нибудь из сидящих вызовется уже и лошадок проведать и уйдет из избы, за ним другой и третий. А между тем хлебосольная хозяйка приносит кашу и глиняную плошку с топленым маслом. Каша как-то особенно вкусно приготовлена и понравилась извозчикам: трех чашек как не бывало, и странное свойство — она развязала языки. Начинаются толки. Откуда ни возьмется красноречивый, опытный рассказчик в лице проезжего офени или господского лакея.

— Эй, слышь-ка, хозяйка! Есть, что ли, еще что-нибудь?

— Молоко с творогом, коли хотите!— отвечает голос из-за перегородки.

— Давай, поедим и молока твоего!

И две чашки молока с творогом разместились в желудках разгулявшихся потребителей.

— Пироги подавать, что ли, ребята?—снова спросит хозяйка.

— Да они с чем у тебя?— скажет какой-нибудь шутник.

— Вдругорядь будут с кашей, а теперь с аминем,— ответит хозяйка — и действительно, пирог с аминем, т. е. пустой, без начинки.

— Ну, баста, ребята, вылезай, пора и коней попоить. Сами поели, и им пора дать вольготу...

Напоивши лошадей и задавши им овса, извозчики ложатся спать. Пройдет часа два или три, и снова воз за возом отправляется из задних ворот дорожный поезд.

Здесь не лишним будет заметить, что одиночник никогда не едет один, а всегда в компании с другими, держась поверья, что задним лошадям легче плестись за другими. Потому редкий когда-либо согласится ехать впереди, всегда стараясь немножко позамешкаться, чтобы после догнать товарищей и примкнуть сзади. Но если уже выпала ему такая несчастная доля — предводительствовать обозом и у него двое саней вразнорядку, то никогда не пустит вперед ту свою лошадь, которая получше другой и пошагистее, а норовит поместить не так рысистую лошадь и всегда правит ею своеручно. Он ни разу во всю дорогу не употребит плети, которой очень часто даже и нет у него, как вещи совершенно ненужной при такой тихой езде, как езда одиночников. Вообще одиночник чрезвычайно любит своих животов и бережлив к ним даже до мелочности: ни за что не посадит балуна-школьника на свое место на облучок, не даст ему ни вожжей, ни плети.

Ничем столько не угождают ему седоки, как слезши с воза пойдут сторонкой — мера единственная, даже полезная зимой, потому что, сидевши неподвижно на одном месте, можно отморозить себе ноги, да, наконец, нужно же разнообразие в такой тихой езде, тянущейся мучительно медленно. В благодарность за одолжение одиночник любит поважить своих седоков, а в свою очередь, когда дело дойдет до горы, он соберет их на воза, громко крикнув: "Садитесь, ребята, гора!" — и легонькой рысцой спустит их вниз. Затем опять продолжается та же история — согревание себя и своих ног собственным же средством — взбираньем пешком на гору.

Во время таких обоюдных, дружеских одолжений с обеих сторон незаметно наступят сумерки, а за ними и темная, глухая ночь. Седоки на своих местах, извозчики тоже на облучках; передний зачмокал, задергал вожжами, и лошаденки мелкой рысцой потащились вперед — разительный признак близкого ночлега.

За столько же сытным, как и обед, ужином разговоры бывают обыкновенно обильнее и интереснее. Ночной ли сумрак и темнота только что проеханного леса, страсть ли русского человека к чудесному, имеющая много пищи в тихой езде, когда от нечего делать и в лесу сильно воспламеняется воображение, но только за ужином у одиночников всегда затеваются рассказы о разбойниках.

— А слышали, ребята,— начнет какой-нибудь краснобай,— намнясь в Вожерове како дело случилось?

— Нет... а что? Нешто не ладно?—отзовутся собеседники.

— Да, чай, знаете Михея-то Терпуга, ну вот что с товаром ездит, еще такой коренастой, с черной бородой, да он завсегда тут все разносчиком ездит, никак годов больше двадцати будет.

— Будет-то будет!— отзовется хозяин, охотник послушать разговоры своих гостей и принять в них деятельное участие,— знаем Терпуга...

— Ну!— в нетерпении отзовутся в один голос все извозчики.

— В осеннюю Казанскую[8] в Вожерове ярмарка, бывает, что ли, аль базар какой, заподлинно не могу сказать.

— У них на Введеньев день бывает ярмарка!— заметит хозяин, присевший на лавку, поближе к гостям.

— Терпуг приехал с товарами, лавочку открыл, посбыл товару сколько мог, да, говорят, и больно много. К вечеру собрался, связал воз, все как следовает, да на перепутьи и забеги в питейной. Хватил косулю, другую, третью — разобрало... Он и давай бахвалить про деньги — на столько-то товару всякого продал; спросил еще косулю — выпил. Случись тут трое молодцов из тутошних, перемигнулись, примерно, и вышли. Михей выпил косуху и тоже вышел. Да вам, чай, в примету, братцы, на десятой версте отселева мост-от?

— Коло починка-то, что ли?— спросил хозяин.

— Ну!— подхватили слушатели.

— Вот эдак, примерно, около первых петухов едет Михей один, работника с ним не было; только на мост въехал, как хватит его кто-то по затылку, да так больно, что он и свалился. Как опомнился, пришел в чувствие — видит, дело плохо: один молодец держит под уздцы лошадь, а двое лезут с дубиной: "Давай, говорят, деньги, а не то под мостом будешь, не успеешь-де родным и поклону справить". Михей изловчился, вытащил кистень, да как рванет того, что первый полез на него: у того

---

[8] осенняя Казанская —22 октября старого стиля, установлена в память освобождения Москвы от польских захватчиков в 1612 г.

только искры из глаз посыпались... упал! Тот, что лошадь держал, драло под мост, а за ним и третий. Съехал Михей с моста, а они ему вдогонку: счастлив-де, проклятый, догадался — кистень достал, а то бы хлебал уху в омуте...

— То-то я гляжу,— намнясь за маслом ездил в Вожерово,— Спирька-Сыч что-то сгорбился, с овина, бает, упал,— перебил хозяин.— Да вот вечор ваши же ребята рассказывали, что Терентий Павлов вез на тройке купцов с ярмарки и тоже, примерно, в питейное вожеровское зашли и выпили на порядках — знатно. Тут на задах-то у нас перелесок будет; они, что въехали туда, слышат, свистнуло в стороне, а там в другой. Купцы хоть и на кураже были, а струсили... Терентию и горя мало, едет да попевает, еще шажком и тройку-то пустил. А в корни-то у него была вятка сивая, бает, триста рублев в Котельниче дал... Видят купцы, около дороги человек верхом показался, выехал на дорогу. За ним другой тоже на лошади, поравнялись да и давай растабарывать. Терентий с ними: куды-де едете, не по пути ли, да что больно лошаденки-то у нас плохи? Купцы было кричат, чтоб шибче ехать, а Терентий как бы и не слышит, знай толкует. Да вы, говорит, ребята, не хотите ли поменяться лошадями-то! Я бы коренника-то, бает, уступил дешево, взял бы, пожалуй, обеих, да коли и третий бы был, и того бы взял. Те только посмеиваются да переглядываются, один пустил немножко вперед, да только было хотел ухватиться за поводья, как гикнет Терентий, индо купцы носы в лисьи шубы попрятали. Кони взвились, только пар валит; те было версты две поехали, да видят — дело дрянь, не догонишь. "Ладно, говорят, в другой раз поедешь — нас не минуешь". А Терентий только посмеивается да покрикивает — так и удрал...

— Да нешто они давно, хозяин, так-то занимаются?— спросил один из извозчиков.

— Ну, теперича маленько посмирнее стали, зря-то не нападают, разве ночью на одного.

— Вестимо, в обозе-то что они сделают? Так только лишь... Бока наломаем, знают они, на кого нападать. Да никак пора, ребята, лошадок попоить да и спать завалиться!— заключил первый рассказчик, вставая из-за стола и поблагодарив хозяина за хлеб и соль.

Через полчаса в избе все стихает. Извозчики забрались на печь, на полати, на лавки и, подложив полушубки под голову, наполнили всю избу сытым и тяжелым храпом. Хозяин притащил из сеней огромную связку щиты или плетеный из соломы ковер и бросил его в углу на пол, наконец, погасив лучину в светце, вскоре и сам захрапел за перегородкой. Около полуночи между спящими начинается некоторого рода суматоха, лежавшие на печи и полатях перебираются на пол, будучи не в состоянии выдержать той страшной духоты, которая едва терпима в самой избе — на полу и лавках, но становится удушливою на печи и полатях. И хотя по пословице "пар костей не ломит", все же этот жар в течение пяти часов редкий в состоянии вытерпеть и готов даже отдать должное удивление и полную дань справедливости тому, кто всю ночь вылежится там и долго потом, проснувшись, протирает глаза и не может очнуться.

— Эк его разжарило! Обрадовался теплыни, словно и невесть чему, как это хватило мяса, что хоть глаза-то привел бог протереть, не весь сжарился!.. Пройдись маленько, свояк, а то, чай, всего разломало,— заметил лежавший на лавке.

— Благо хоть свет-то божий привелось увидеть, а то и не чаял; вишь, какой зуд пронял, словно блохи накусали,— подхватит какой-нибудь остряк-швец, сшивающий хозяйские овчины для тулупа.— Попробуй, сват, кваску, авось не прогонит ли тоску,— и, подавая кружку все еще неочнувшемуся и протирающему глаза свату, добавит: — Славный квас, землячок, один пьет, а у семерых животы рвет; выпьешь глоток, со смеху покатишься, а выпьешь другой, сведет тя дугой — небось еще не попросишь.

— Что, небось ладен — глаз изо лба воротит?— спрашивает разговорившийся остряк, когда ошеломленный, наконец, крякнул, выпивши полкружки и свесив свои ноги на лесенку.

— Теперь пройдись маленько, да смотри не забудь онучки-то, а то тебя тут и не дождешься; вишь ведь словно дома развалился!— продолжают острить одиночники, увлеченные примером бойкого парня-швеца, давно уже поджавшего ноги где-нибудь подле светца на лавке и ловко вскидывающего руку с иголкой, так что глазам больно следить за его работой.

Снова смолкнет все в избе, хотя уже и проснулись все ее временные и постоянные обитатели и, обвивши свои ноги онучами и оборами,[9] подвязывают лапти. Изредка в разных углах раздается протяжный зевок в виде завывания: "Ох-хо-хо — ау... чих; ехала деревня поперек мужика"... Вскоре начнется плесканье водой из глиняного рукомойника с тремя горлышками, висящего на веревочках около печи, под полатями рядом с рушником или полотенцем. Этот рукомойник имеет весьма дурное свойство — всякому

---

[9] онучи и оборы — онучи — род обмоток, портянок; оборы — завязки лаптей, обматываемые кругом онучей.

непривычному вовсе некстати налить воды за шиворот, если он слишком сильно раскачает его на веревках и не догадается придержать рукой прежде, чем наклонить свою голову.

За хозяйской перегородкой начинается однообразное щелканье счетами при отрывистом высчитывании потребленного овса и сена. Зазвенят медные деньги, захлопает дверь из избы в сени, иногда раздастся голос нетерпеливого седока, понукающего своего извозчика поскорее закладывать и всегда озадачиваемого следующим ответом:

— Ишь какой прыткий! Дай разделаться с хозяином-то, гляди, еще и не закладывали. Без других я не поеду... спешить некуда, к вечеру будем в городе, небось не замешкаем. Мы свое время знаем, барин, поди-ка лучше буди своих-то — рано поднялся больно, еще только третьи петухи пропели.

Иногда после такой речи раздается голос растерявшегося извозчика, отыскивающего какой-нибудь синий или красный кушак и рукавицы, и через полчаса изба пустеет. И снова воз за возом медленно, мучительным шагом, при всеобщем молчании еще не разгулявшихся путешественников, потянется длинный обоз одиночников по избитой ухабами зимней дороге.

СЕРГАЧ

Приступая к рассказу об одном из оригинальных промыслов, составляющем исключительную особенность русского нрава, спешим оговориться. Промысел или способ прокормления себя посредством потехи досужих и любопытных зрителей шутками и пляскою ученых медведей не так давно был довольно распространен. Теперь, при изменившихся взглядах, при усилиях общества покровительства животных, промысел сергачей значительно упал и близок к окончательному падению. От столиц сергачей положительно отогнали; теперь не видать ученых медведей, пляшущих на окраинах, на дачах наших столиц в летнее время. Кое-как держится еще этот промысел около мелких ярмарок в глухих и отдаленных местностях, всего больше в северных лесных и южных степных губерниях...

В наших северных великороссийских губерниях обычай водить медведей усвоен жителями известных местностей; большею частью водят татары Сергачского уезда Нижегородской губернии. И вот происхождение названия сергача, которое переходит с хозяина-поводыря и на мохнатого плясуна; один проводник остается при своем неизменном названии — козы. Имя "сергач" сделалось в последнее время до того общим, что будь поводырь из Мышкина (Ярославской губернии), владимирец, костромич, ему непременно дается имя нижегородского городка. Часто, однако, появление плясунов повещается и еще более общим криком — говорят обыкновенно: "Медведи пришли!" Впрочем, мало-мальски знакомый с коренными, главными отличиями великороссийских наречий и говоров, легко отличит сергача от мышкинца и владимирца: первый говорит своим мягким низовым — нижегородским наречием, оба остальных — суздальским грубо окающим. Цыгане с медведем решительно никогда не заходят на север, вероятно, ограничиваясь своей благодатной Украиной. Однако нелишне заметить и то обстоятельство, что нет правил без исключений, нет закона безусловно неизменного: попадаются и такие, которые так себе надумали приняться за медведя, без исконного обычая предков, и потому неудивительно, если при расспросах признается поводырь, что он не ближе, не дальше — сосед ваш, только бы жил он на бору, да водились в этом лесу медведи. Но это бывает очень и очень редко.

Ученые медведи носят еще название сморгонцев, наш "сергацкий барин" переименовывался в "сморгонского студента", "сморгонского бурсака", но это медвежье прозвище было распространено лишь в западной половине России, да и там теперь исчезло. Исчезновение произошло вслед за тем, как прекратились, повымерли все те ученые медведи, которых воспитывал богач Радзивилл, знаменитый Пане Коханку, и на которых, по преданию, он ездил в Вильну и раз даже явился на сейм в Варшаве. По преданию этому (кое-как сохранившемуся на месте), Радзивиллу ловили медведей в густых первобытно-диких лесах Полесья до Припяти около Давид-городка. Вели их 300 верст до знаменитой резиденции Радзивилла — Несвижа, в трех верстах от которого (в фольварке Альбе) существовал разнообразный зверинец. Здесь косолапый ставленник отдыхал короткое время и затем уводим был в другое имение Радзивилла — местечко Сморгоны, лежащее на почтовом тракте из Вильны в Минск, в тридцати верстах от г. Ошмян и более чем в двухстах от бывшей резиденции князя Радзивилла. Здесь в Сморгонах было особое каменное строение, медвежье училище, носившее шуточное прозвище Сморгонской Академии. Косолапые студенты здесь обучались особыми мастерами в двухэтажном здании, в котором каменный пол второго этажа накаливался громадною печью из нижнего этажа. Студенту надевали лапти (каверзни) на задние лапы, предоставляя передним становиться на горячий пол; но так как нежные медвежьи подошвы жару не выдерживали, то медведь и был принужден держаться на задних лапах на дыбах. Достигая такой привычки или способности, медведь приучался затем к известным штукам, которые делали из него зверя ученого, но которые, однако, не вызывали таких остроумных приговоров, какими славятся нижегородские сергачи. Выученные медведи производили репетиции и жили потом в местечке Мире, другом радзивилловском имении, в сорока шести верстах от г. Новогрудка (в Минской губернии) и уже только в двадцати восьми верстах от радзивилловских дворцов в Несвиже. В Мире ученые медведи поступали к цыганам, которые, как известно, издавна были поселены здесь и имели, по преданию, даже собственного короля, пожалованного в это звание чудаком и самодуром Паном Коханком. Мирские цыгане водились со сморгонскими бурсаками, бывшими в саду в особом деревянном здании-зверинце, превратившемся теперь в уютный и теплый жилой дом современного владельца (гр.

Витгенштейна). Кроме экстренных случаев сеймовых поездок эксцентрического Пане Коханку и прогулок его на медведях по собственным местностям, цыганам предоставлено было право водить медведей на посторонние потехи и для собственных заработков. Отсюда и появление с учеными медведями — сморгонскими бурсаками — и цыган вслед за нижегородскими татарами. В настоящее время (по личным нашим расспросам в тех местах) не только не существует в Сморгонах чего-либо похожего на этот промысел, но и в Мире не осталось даже следа цыган, переродившихся в коренных белорусов. Самые предания очень слабы, неточны, хотя и существуют указания на место бывших зверинцев. И только в склепе Несвижского огромного костела среди других Радзивиллов сохраняется скелет и Пана Коханка, человека огромного роста с высокою грудью, одетого в высокие кожаные ботфорты (хорошо сохранившиеся), в полуистлевший бархатный кунтуш, с вышитой на левой стороне высокой груди звездою и с тканным серебром широким шелковым поясом.

* * *

— Ну-ка, Михайло Потапыч, поворачивайся! Привстань, приподнимись, на цыпочках пройдись, поразломай-ка свои старые кости. Видишь, народ собрался подивиться да твоим заморским потяпкам поучиться.

Слова эти выкрикивал нараспев и тем низовым наречием, в котором слышится падение на мягкие буквы с некоторой задержкой или как бы коротеньким, едва приметным заиканьем (каким говорят по всей правой стороне Волги), низенький мужичок в круглой изломанной шляпе с перехватом посередине, перевязанным ленточкой. Кругом поясницы его обходил широкий ремень с привязанною к нему толстою железною цепью; в правой руке у него была огромная палка — орясина, а левой держался он за середину длинной цепи.

В одну минуту на заманчивый выкрик сбежалась толпа со всех концов большого села Бушнева, справлявшего в этот день свой годовой праздник летней Казанской.[10] Плотно обступила глашатая густая и разнообразная стена зрителей: тут были и подвязавшие пестрые передники под самые мышки — доморощенные орженушки, охотницы щелкать орехи, хихикать, закрываться рукавом и прятаться друг у дружки за

---

[10] летняя Казанская — 8 июля старого стиля.

спиной, когда какой-нибудь незнакомый любезник начнет отгибать колена и поведет медовые речи. Толкались и ребята в рубашках, без шапок, готовые при первом удобном случае прилично встретить и проводить захожего любезника, если он не сойдется с ними заранее. Подобрался позевать и приезжий посадский парень, вырядившийся в свою праздничную синюю сибирку, страстный любитель пощелкать в бабки и для того всегда державший в заднем кармане несколько гнезд и свинцовую битку, за которую часто доставалось его бокам и микиткам. Подошел посмотреть и волостной писарь в халате, мастер выкуривать одним духом целую трубку самбраталического и не поперхнуться. Не было только одних стариков и солидных гостей, которые, забравшись в избы, поднимали страшный шум о какой-нибудь запущенной мельнице, да бабы-большухи, как угорелые, метались от шестка к столу и обратно, выставляя жирные пироги и поросят с кашей на потребу дорогих гостей, которые кучами валили из избы в избу от раннего полудня до позднего вечера.

Между тем на площадке раздавалось звяканье цепи, и мохнатый медведь с необычайным ревом поднялся на дыбы и покачнулся в сторону. Затем, по приказу хозяина, немилосердно дергавшего за цепь, медведь кланялся на все четыре стороны, опускаясь на передние лапы и уткнув разбитую морду в пыльную землю.

— С праздником, добрые люди, поздравляем!— приговаривал хозяин при всяком новом поклоне зверя, а наконец, и сам снял свою измятую шляпу и кланялся низко.

Приподнявшись с земли в последний раз, медведь пятится назад и переступает с ноги на ногу. Толпа немного осаживает, и поводатарь начинает припевать козлиным голосом и семенить своими измочаленными лаптишками, подергивая плечами и укорительно повертывая бородкой. Поется песенка, возбудившая задор во всех зрителях, начинавших снова подаваться вперед:

Ну-ка, Миша, попляши,
У тя ножки хороши!
Тили, тили, тили-бом,
Загорелся козий дом,
Коза выскочила,
Глаза выпучила.
Таракан дрова рубил,
В грязи ноги завязил.

Раздается мучительный, оглушительно-нескладный стук в лукошко, заменяющее барабан, и медведь с прежним ревом — ясным признаком недовольства — начинает приседать и, делая круг, загребает широкими лапами землю, с которой поднимается густая пыль. Другой проводник, молодой парень, стучавший в лукошко и до времени остававшийся простым зрителем, ставит барабан на землю и сбрасывает привязанную на спине котомку. Вытащив оттуда грязный мешок, он быстро просовывает в него голову и через минуту является в странном наряде, имеющем, как известно, название козы. Мешок этот оканчивается наверху деревянным снарядом козлиной морды, с бородой, составленной из рваных тряпиц; рога заменяют две рогатки, которые держит парень в обеих руках. Нарядившись таким образом, он начинает дергать за веревочку, отчего обе дощечки, из которых сооружена морда, щелкают в такт уродливым прыжкам парня, который, переплетая ногами, время от времени подскакивает к медведю и щекочет его своими вилами. Этот уже готов был опять принять прежнее, естественное положение, но дубина хозяина и щекотки козы продолжают держать его на дыбах и заставляют опять и опять делать круг под веселое продолжение хозяйской песни, которая к концу перешла уже в простое взвизгиванье и складные выкрики. С трудом можно различить только следующие слова:

Ах, коза, ах, коза,
Лубяные глаза!
Тили, тили, тили-бом,
Загорелся козий дом.

Медведь огрызается, отмахивает козу лапой, но все-таки приседает и подымает пыль.

Между тем внимание зрителей доходит до крайних пределов: девки хохочут и толкают друг дружку под бочок, ребята уговаривают девок быть поспокойней и в то же время сильно напирают вперед, отчего место пляски делается все уже и уже и Топтыгину собственною спиною и задом приходится очищать себе место. Песенка кончилась; козы как не бывало. Хозяин бросил плясуну свою толстую палку, и тот, немного огрызнувшись, поймал в охапку и оперся на нее всею тяжестью своего неуклюжего тела.

— А как, Михайло Потапыч, бабы на барщину ходят?— выкрикнул хозяин и самодовольно улыбнулся.

Михайло Потапыч прихрамывает и, опираясь на палку, подвигается тихонько вперед, наконец, оседлал ее и попятился назад, возбудив неистовый хохот, который отдался глухим эхом далеко за сельскими овинами.

— А как бабы в гости собираются, на лавку садятся да обуваются?

Мишук садится на корточки и хватается передними лапами за задние, в простоте сердца убежденный в исполнении воли поводатаря, начавшего между тем следующие приговоры:

— А вот молодицы — красные девицы студеной водой умываются: тоже, вишь, в гости собираются.

Медведь обтирает лапами морду и, по-видимому, доволен собой, потому что совершенно перестает реветь и только искоса поглядывает на неприятелей, тихонько напевая про себя какой-то лесной мотив. Хозяин между тем продолжает объяснять:

— А вот одна дева в глядельцо поглядела, да и обомлела: нос крючком, голова тычком, а на рябом рыле горох молотили.

Мишка приставляет к носу лапу, заменяющую на этот случай зеркало, и страшно косится глазами, во всей красоте выправляя белки.

— А как старые старухи в бане парятся, на полке валяются? А веничком во как!.. во как!..— приговаривает хозяин, когда Мишка опрокинулся навзничь и, лежа на спине, болтал ногами и махал передними лапами. Эта минута была верхом торжества медведя; смело можно было сказать ему: "Умри, медведь, лучше ничего не сделаешь!"

Ребята закатились со смеху, целой толпой присели на корточки и махали руками, болезненно охая и поминутно хватаясь за бока. Более хладнокровные и видавшие виды сделали несколько замечаний, хотя и довольно сторонних, но все-таки более или менее объяснявших дело.

— Одна, вишь, угорела,— продолжал мужик,— у ней головушка заболела! А покажи-ка, Миша, которо место?

Медведь продолжал валяться, видимо, желая до конца папотешить зрителей, но хозяйская палка, имевшая глупое обыкновение падать как раз не на то место, где чешется, напомнила зверю, что нужно-де всему меру знать, а хозяйские уроки не запамятовать. Очнувшийся Мишка сел опять на корточки и приложил правую лапу сначала к правому виску, потом перенес ее к левому, но не угодил на хозяина. Этот, желая еще больше распотешить зрителей, сострил и, дернув порывисто за цепь и ударив медведя по заду, промолвил:

— Ишь ведь, старый хрыч какой! Живот ему ломит, а он скулу подвязал! Покажи-ка ты нам, как малые ребята горох воруют, через тын перелезают.

Мишка переступает через подставленную палку, но вслед

за тем ни с того, ни с сего издает ужасный рев и скалит уже неопасные зубы. Видно, сообразил и вспомнил Мишка, что будет дальше, и крепко не по нутру ему эта штука. Но, знать, такова хозяйская воля и боязно ей поперечить: медведь ложится на брюхо, слушаясь объяснений поводатаря:

— Где сухо — тут брюхом, а где мокро — там на коленочках.

Недаром Топтыгин неприязненным ревом встретил приказание: ему предстоит невыносимая пытка. Хозяин тащит его за цепь от одной стены ребят до другой, противоположной, как бы забыв о том, что зверь всегда после подобной штуки утирается лапой. С величайшею неохотою поднимает он брошенную палку и, схватив ее в охапку, кричит и не возвращает. Только сильные угрозы, на время замедлившие представление, да, может быть, воспоминание о печальных следствиях непослушания заставляют медведя повиноваться. Сильно швырнул он палку, которая, прокозырявши в воздухе, далеко перелетела за толпу зевак. Наказанный за непослушание, медведь начинает сердиться еще больше и яснее, он уже мстит за обиду, подмяв под себя вечно неприязненную козу-барабанщика, когда тот, в заключение представления, схватился с ним побороться. Прижал медведь парня лапой, разорвал ему армяк, и без того худой и заплатанный, и остановился, опустив победную головушку. Только хозяйская памятка привела его в себя, громко напомнив и о плене, и о том, что пора-де оставить шутки, не место им здесь.

Осталось мишке только пожалеть об этом и сойти со сцены, но неумолимая толпа трунит над побежденным и поджигает его схватиться снова с медведем. Однако этот последний совсем не расположен тягаться, достаточно уверенный в собственных силах. Он окончательно побеждает противника уже простою уступкою: Мишка валится навзничь, опрокидывая на себя и козу-барабанщика.

— Прибодрись же, Михайло Потапыч,— снова затянул хозяин после борьбы противников.— Поклонись на все четыре ветра, да благодари за почет, за гляденье,— может, и на твою сиротскую долю кроха какая выпадет.

Мишка хватает с хозяйской головы шляпу и, немилосердно комкая, надевает ее на себя, к немалому удовольствию зрителей, которые, однако же, начинают пятиться в то время, как мохнатый артист, снявши шляпу и ухватив ее лапами, пошел по приказу хозяина за сбором. Вскоре посыпались туда яйца, колобки, ватрушки с творогом, гроши, репа и другая посильная оплата за потеху. Кончивши сбор, медведь опустил голову и тяжело дышал, сильно умаявшись и достаточно поломавшись.

Между тем опять начались на время прекратившиеся хороводы, сопровождаемые писком гармоник и песнями горластых девок. В одном углу, у забора, щелкали свайкой, в другом играли в бабки, соображаясь с тем, жохом или ничкой ляжет битка. На одном крыльце показалась толпа подгулявших гостей и затянула песню, конченную уже в соседней избе на пороге. Чванились гости, кланялись хозяева, прося хоть пригубить чарку и не погнушаться пирогом с морковью, и буйно-весело разгорался деревенский праздник, которому и веку-то только три дня, и то потому, что покосы кончились, а рожь только лишь недавно начала наливаться.

— Что, земляк, поди, с Волги аль с Оки, что ли, какой?— спросил старик, подходя к вожаку, пробиравшемуся в питейный.

— Маленько разве что не оттеда!— отвечал тот и поплелся дальше.

— Давно, поди, возишься с суседушкой-то?— расспрашивал старик, указавши на Мишку, который, понурив голову, плелся за хозяином и искоса поглядывал на допросчика.

— Годов пять будет, коли не больше. Да не балуй, неповадной!— продолжал он, дернув за цепь медведя, который успел уже присесть на корточки и начал сосать лапу.

— От себя, что ли, ходишь али от хозяина?

— Мы от себя ходим. Нынче охотников-то и в нашей стороне куды-куды мало стало: всяк лезет в бурлачину, а зверь и гуляет себе на всем просторе.

— А, поди, уж, чай, попривык к свояку-то?— продолжал расспрашивать любопытный старик и шепнул что-то парнишке, который, спустив рукава рубашонки и разинув рот, пристально разглядывал мохнатого плясуна.

— Вестимо, попривык, ко всему привыкнешь!— отвечал вожак как бы нехотя и как будто крепко надоели ему людские расспросы на каждом перекрестке. Но когда парнишка принес деревянный жбан хмельной деревенской браги и старик попотчевал провожатого, сергач стал заметно словоохотливее и, утерши бороду удовлетворял любопытству тароватого старика.

— Да вот как привык: коли когда поколеет — ссохну с тоски, коли не того еще хуже. Известно, почти свой человек стал, без него хоть сгинь да пропади — вот как привык! Нако, Миша, пивка, попей сколько сможешь, ты ведь у меня завсегда ко хмельному охочий был, годи вот маленько, а то и сердитей чего хватим. Пей-ка, брат, коли есть что — не чванься!..

И вожак, налив пива в шляпу, поднес своему кормильцу.

— Вот видишь, старина, сам что ешь или пьешь — ему завсегда уж уделишь. И совесть тебя мучает, коли не отломишь чего, да и он-то таково жалостно смотрит, что кусок не лезет в горло — и все делишь пополам!— продолжал рассуждать поводырь в то время, как Мишка, утершись лапой и пощелкав зубами, выказал нетерпеливое желание идти дальше.

И видел старик расспросчик, как куцый зад Топтыгина скрылся за дверью питейного, и слышал он, как взвизгнула баба, нагибавшая коромысло колодца и обернувшаяся назад как раз в ту минуту, когда мохнатый философ проходил мимо, не дальше как пальца на три от ее сарафана. Бросилась она опрометью в избу, оставив ведра подле колоды, и долго ругала на всю деревню и зверя и провожатого.

Не уйти сергачу от любопытных расспросов и не отмолчаться ему, когда возьмет свое задорный хмель и начнет подмывать на похвальбу и задушевность.

— Маленьким, братцы, взял, вот эдаким маленьким, что еле от земли видать было,— говорил он любопытным завсегдатаям, обступившим пришельцев и всегда готовым слушать все, что ни предложит им досужество, будь это хоть в десятый, хоть даже в сотый раз.

— Было, вишь, их два брата, вестимо двояшки: ни тот, ни другой старше. А жил-то я, братцы, у нашего благочинного в батраках — отцом Иваном звали,— продолжал сергач уже таким тоном, который ясно говорил, что вы-де народ темный, а мы люди бывалые, слушайте только, да не мешайте, таких диковин наскажем, что вам и во сне не привидится.

Кое-кто из слушателей подперлись локотками, другие самодовольно обтерли руки о полы своих полушубков, а красноролжий сиделец[11] всею массою жирного тела перетянулся через стойку и вытаращил масляные глаза.

— Жена у меня померла; домишко весь ветром продуло и солому всю снесло на соседский овинник, а вон Мишутка мой еще махонькой был. Эх, думаю, худая жизнь без хозяйки! А все лучше хлебушко путем доставать — не биться о холодный шесток, вот и нанялся я к отцу-то Ивану. Ну и живу, братцы, ничего... живу путем-толком, ни он меня, ни я его не обижаем, все идет по миру, по согласию. Да вот стали раз как-то недобрые слухи ходить: ниоткуда взялась медведица, да и

[11] сиделец — продавец вина в кабаке.

начала рвать скотину по соседству, досталось-таки на порядках и нашим сельским — которой вымя выест, которую всю изломает, а сычухинский мельник еще хуже рассказывал. Ухватил, слышь, медведь-от Базихину буренку за шиворот, да и поволок к лесу. На первых порах все, слышь, задом пятился, да, знать, корова-то больно ревела или сам-от добре приустал, только взвалил он ее на закорки, стал на дыбы, да и потащился к оврагу. Собрались наши сельские миром, да и порешили идти сообща против зверя; кое у кого ружьишки понабрались, у Матвея Горшка достали рогатину. Хотели было ямы вырыть да и позавалить берестом, так старики да девки пристыдили. Начало, братцы, и меня подмывать пойти-на охоту. Берет такой задор, словно в лихоманке хожу,— и ружьецо было, на тридцать сажен хватало, и долото промыслил для заряду.

— Пусти,— говорю,— отец Иван, с ребятами на охоту! Рогатины,— говорю,—достали, и ружей никак с пяток было.

Тот — никак, и матушка тоже.

— Убьет!— говорят.— Что тебе в этом толку? Да и парнишка сиротой останется, некому и порадеть будет. Чем,— говорят,— на медведя-то ходить, в другом чем будешь пригоден. А там и без тебя народу много, сам говоришь — все село идет.

"Дело,— думаю,— толкуешь! Твои бы речи и слушать". Подумал я, братцы, подумал, да и пошел клепать косы на повит. Пришли наши ребята с охоты и медведя приволокли с собою убитого: шкура вся взбита, словно решето какое, и брюхо распорото. Медведь бы куды ни шло: затем, стало быть, ходили, а то, вишь, с ним еще барского повара притащили, тоже побывшился (умер). А дело-то было вот как: сунулся он с ножом кухонным, что говядину режет, разогнал ребят, никого не подпушал к себе, "сам,— говорит,— справлюсь, один на один, только,— говорит,— не мешайте". Пошел он по медвежьей тропе, да и не приходил назад, слышали ребята, как ревел благим матом, а подступиться боялись, да уж потом целым миром и подошли к оврагу-то. Видят ребята, оба лежат не шелохнутся, подмял медведь Еремку, задрал, слышь, с затылка, да и сосет мозги. Начали палить — не сдвинулся медведь, все лежит на одном месте. Подошли наши, а он уж и помер. Кабы, говорят, Еремка в сердце угораздил, да подшиб его под ноги, может, и убил, говорят, и сам бы жив остался. А то как понажал тот его, да изловчился ухватить за затылок — ну и помер.

— У нас так это не так бывает,— перебил один из слушателей.— Живем мы в лесах глухих, волока верст по сотне будут, едешь ты лесом — ни одной деревни, все дуб да береза, взглянуть, так шапка валится. На всем волоку и жилья-то только две либо три избенки, и то лесники строют.

— А ты из каких мест?— спросили бушневские.

— Вятские — из Яранска-города бывали.

— Не знал ты там Гришуху Копыла — торговал хомутами и пошел-то из нашей деревни?

— Где, братцы, знать, народу всякого есть, всех не спознаешь.

— Вестимо, где там всякого знать!— подтвердил тот же, который задал вопрос.

— Ну!— крикнули завсегдатаи, проводив это "ну!" тяжелым вздохом.

— Да вот теперь, он рассказывал, летом было, а у нас так по осеням за медведем-то ходят. Как, примерно, началась первозимица, набросало снежку, он, говорят, и пойдет искать берлоги и все старую выбирает, а то выгребают и новые, так, на поларшина. А уж коли пошел он к берлоге, знамо чернотроп после себя оставит. Охотники-то уж и знают это время, замечают тропу по деревам да по кустам, а ему дают улечься. У них только бы знать, в какую сторону пошел, а уж там найдут по чутью, на нос.

— Берлогу-то найти нехитрая штука. Сам, брат, хаживал, хоть и не рассказывай, все сам поизведал, коли хошь, так и тебе расскажу,— прихвастнул сергач.— Берлогу он завсегда вглубь на три четверти роет, только бы самому улечься. Как, стало быть, ляжет, так и навалит сверху хворосту всякого, лапок сосновых, валежнику, а дырочку для духу завсегда-таки оставит наверху. Вот и видишь, как завалит хворост-от снегом, из дырочки пойдет пар змейкой — ну, знать, засел тут дедко и сосет лапу. Тут его только сам не замай, да не говори про него, не поминай его имени, чтобы не услышал он; не тронет, ни за что не тронет, да и такой-то увалень, что и не повернется. Один раз только и повертывается он во всю зиму, а то целых ползимы на одном боку лежит, да ползимы на другом.

— Слыхать-то слыхали об этом,— поддакнули слушатели.— Ну, а ловить-то как?

— Да так же, поди, как и у них. Главная причина из берлоги вытравить — поймают, вишь, зайца, да и начнут щипать, а сам-от больно этого писку не любит; а не то собак улюлюкают. Потапыч-то, вишь, осерчает, вылезет из берлоги, да и встанет на дыбы, тут его в пять, шесть рогатин и начнут донимать. Из ружей мало стреляют, плохо берет его пуля-то — тепла, вишь, шуба, пальца в три будет, коли не того больше. А ноготки? Гляньте-ка, ноготки-то!

И хозяин полюбовался двухвершковыми когтями своего воспитанника.

— Ведь вот бьешь его палкой — думаешь, больно, так нет тебе, словно деревянный, разве в щекотное место попадешь. Только и надежда одна, что на кольцо, а то всего бы, кажись, изломал. Бывали и такие случаи, что подымут облавой, собаками, тут бы и бить его, так иной раз косой шут деру задает с перепугу да спросонья, начнет кувыркать — на доброй лошади не догонишь, а коли он сам пустился в погоню — ни за что не уйдешь! Тут уж он всю зиму не лежит — и бродит все по соседству. Злей его тогда нет зверя на свете, хуже волка голодного. Человек тогда не попадайся ему, хоть в другой раз и не тронет, если молодой еще да не попробовал человечьего мяса.

— Мед, говорят, охотник он есть?—поджигали сергача его слушатели.

— Винцо, братцы, больше любит. Вот и теперь бы выпил, кабы было чего...

Догадались бушневские, куда наметил рассказчик, да только переступили с ноги на ногу и почесали затылки. Первый начал вятский.

— Нехорошо,— говорит,— братцы, обижать прохожего человека. Пойдет далеко, понесет худую славу: вот-де был на бушневском празднике, да, знать, у них свои свычаи — сами пьют, а гостей не потчуют.

Сергач после угощения сделался еще разговорчивее. Мишка сладко облизывался, и, когда хозяин опять растобарывал с земляками, он свернулся на полу и крепко заснул, пустив страшный храп и сап на всю избу.

— А далеко ходишь?— спросил опять вятский.— Домой-то, чай, не скоро попадешь?

— Наше время известное: как вот начнет немного завертывать, станет эдак моросить первоснежье — мы и потянемся на наседало. Ходим-то, вишь, босиком, так зимой уж и щекотно станет: сам-то он не привык, так и делаешь во всем по его. А не то, так куда больно серчает!

И поводырь, защурив глаза, медленно покрутил головой.

— Ни за что ты его не приневолишь на ноги встать, коли зима застанет, знает шут это время: свои-то, вишь, в берлогу залягут да и сосут на досуге лапу, ну, а ведь на него не лапти же надеть. Да коли правду сказать, так и сам лето понамаешься, рад-рад как попадешь домой на печь поотогреться.

— Эх, земляк, куда ни шло! Расскажи уж заодно — как ты его залучил под свою стать? А трудновато, поди, было, долго не поддавался, да ведь чего человек-от не сделает? Вон один, говорят, блох выучил пляске, слыхал я в Питере, а за морем так еще облизьяну выдумали!— поджигал сергача один из бушневских и хитрою речью и хмельной водкой, которая до того развеселила поводыря, что он затянул песню, подхвативши щеку, и такую заунывную, что самому сделалось жалостно. Однако благодарность за угощение и чувство довольства самим собой, а еще больше воспоминание прошлого, которое чем страшнее, тем приятнее, заставили сергача рассказать всю подноготную, которую у него же, у трезвого, не вышибешь колом, не то что лукавым словом.

— Давно, братцы, было, и, признаться, не то, чтобы очень, а таки Мишутка мой еще и пушком не зашибался, а теперь, глядите-ка, и борода полезла. Да что, Мишук, нешто спать захотел, кажись, брат, рано? Ты на этого-то мохнача не гляди, зверь ведь он, как есть зверь, поел, да и потяготки взяли,— говорил отец, обращаясь к товарищу-сыну, который, сидя на лавке, поминутно закрывал громкие и широкие зевки не менее широким кулаком.

— Тоска, тятька, слушать-то все одно да одно. Который уж раз доводится? Вот вечор тоже рассказывал, а мне запрет сделал: ничего, говоришь, про медведя не рассказывай! А сам где ни спросят, всю подноготную скажешь!..

— Эх, Мишуха, брат ты, Мишуха! Правду старики молвят,— продолжал отец с тяжелым вздохом и с укором качая головой,— зелен горох невкусен, молод человек не искусен. И толк-от бы в тебе, Миша, есть, да, знать, не втолкан весь! Слушай-ка вот лучше, умная речь завсегда и напредки пригодна бывает. Жил я, братцы, у нашего отца Ивана в работниках и как раз вот на ту пору, как медведя-то ребята убили.

— Помним, земляк, помним, еще барского-то кучера больно помяли!— поддержали слушатели,

— Не то на другой, не то на третий день после охоты, не помню, братцы, вот хоть лоб взрежьте, не помню, поехала матушка с дочкой своих проведать. Жили-то они всего с поля на поле от нашего села, v церковь ихняя словно на ладонке стоит —все видно, только одна река и отделяла. С нашей стороны берег и ничего бы, покат и ровен-гладок, а вот оттуда — крутояр такой, что береги только скулы да ребра придерживай, а то как раз на макушку угораздишь. Прибежали, вишь, наши, волком воют, все село перепугали, думали — уж опять не медведь ли им встренулся. Так, вишь, нет, говорят, другое что. Пошел я на двор, да и смекнул сразу, чему бабы взвыли. Пришла, вишь буланая-то кобыла, что с ними отпустил, да без телеги, одну оглоблю цельную приволокла — другой только осколышек, а заверток так совсем не нашел, пополам порвались. Пришел я к оврагу, стоит телега вверх бардашкой, и на одном колесе шина лопнула и спицы повыпрыгали. Пришел я домой да и говорю батюшке: "Так и так,— говорю,— отец Иван, телега на мосту лежит, надо бы домой привезти".— "Что ж,— говорит,— возьми саврасого мерина да и привези".— "Что,— говорю,— савраску возьми — я и на себе приволоку, не этакую,— говорю,— тяжесть важивали".— "А что,— говорит,— Мартын, ведь колесо-то новое надо?" — "В кузницу,— говорю,— снести надо — обтянуть шиной, на себе,— говорю,— снесу, и коли хошь, так сегодня".—- "И оглоблю-то,— говорит,— новую надо. Поди,— говорит,— выруби!" "Ладно,— говорю,— отец Иван, вырублю!" Взял я, братцы, топор да и пошел за гуменники. Тут у нас лес идет, да такой благодатный что иное дерево с утра начнешь тяпать, а к обеду едва одолишь.

— Нешто уж больно толсты?— спросили бушневские.

— Сучков, видишь, много, да такие коренастые — насилу обрубишь; коли не прихватишь пилы — хоть матушку-репку пой. Выломил я ему оглоблю березовую — веку не будет, и для заверток зарубку наметил, да так, ради прохлаждения, и завернул в малинник. Он тут и пойдет вплоть до реки, пытают есть ребята, а все ягод много, и такие все сладкие да крупные, что твоя морковь или репа. Ем я, братцы, малину и еще песни попеваю от радости. Слышу, сзади поурчит что-то да пощелкает, почавкает, да опять заурчит. Забралась, думаю, корова чья, кому больше? Да нет, думаю, корове тут нечего взять, да не пойдет она в малинник — всю исколет. Взял меня, братцы, задор посмотреть. Только бы ступить, ан шмыг мне под ноги медвежатка. Взвизгнул я благим матом, да уж дома одумался — коли, думаю, не изломали, так, стало быть, некому, а коли медведицу убили, так, знать, это сироты ее горемычные. Может, пестун остался при них? Да где, думаю, поди, того теперь и с собаками не сыщешь — далеко ухрял, ему до чужого добра дела мало. Вот и загорелось, братцы, ретивое, больно захотелось медвежат-то изловить. Прихватил про всякий случай и ружьишко и рогатину — думаю, коли пестун наскочит, поборемся, постоим за себя. А там задами, чтоб свои не знали, пробрался я в малинник и смотрю из-за сосны, куда медвежатка подевались? Слышу, опять поляскает да пощелкает, да опять,— я выдвинулся немножко вперед и рогатину наладил. Долго смотрел, больно долго: выбежали пострелята и начали на спине кататься, один ухватил лапами малину и сосет ягоду. Все, братцы, стою да гляжу, как один другого лапой мазнет да и отскочит и спрячется за кустом. Нет-нет, да опять подскочит и достает другого лапой, да не достал — кувырнулся через голову, а братишку опять задевает. Один подпрыгнул ко мне. Стою, братцы, не трогаюсь, а сердце вот так ходуном и ходит, а все смотрю по сторонам, думаю, выскочит пестун, коли не мать сама — приму на рогатину. Постреленок тем часом развязал мне оборку у лаптя, ухватил в рот и защелкал, а сам жужжит, словно шмель или оса какая. Немного погодя и другой подскочил и тоже лапоть дергает, а братишку нет-нет, да и мазнет лапой. Смотрел я, смотрел, сгреб их в подол, да и света в очах не взвидел. Домой прибежал — языка не доищусь, от одышки сердце ходуном ходит. Своим показать боюсь: велят выбросить, а больно жаль. Снес я их в овин да и запер до поры до времени. Сходил опять за оглоблей, прислушался — смирно везде, нет, думаю, далеко пестун — коли матери брюхо вспорото, хоть и брат, а, видно, свои животы-то подороже.

— Знать, правду говорят, что пестун-то им братом доводится?— допытывал любопытный вятский.

— Да ведь вот как у них это дело-то ведется: родила мать двояшек, один медведь, а другой Матрена Исаковна. Вот и ходят они с матерью, говорят, до первого снега, медведица-то поскорей растет, так и мать поскорей ее от себя гонит: ступай-де на свои харчи, а мне тебя девать некуда — невмоготу уж стало. Братишка вот дело другое, его она всегда с собой берет и в берлоге холит, а как выведет новых, то и приставит к ним; блюди-де да посматривай за ними, чтоб не баловали, а коли в чем непослушны, сам расправы не делай, мне скажи! И уж тут, что не по ней — выволочку задаст такую, что, вон рассказывал Елистрат Кривой, долго валяется на земле да ревет что есть мочи. Поревет-поревет, да и перестанет, а все, слышь, плетется за матерью: знать, в большом страхе держит, коли и колотухи не донимают.

— И злющая же эта медведица!— заметил вятский.— Коли человека, говорят, где изломает — все она. Сам не таков, толкует народ. Того как раз самого испугать можно, только, слышь, коли завидел, иди смело навстречу — не тронет. Сзади зашел, только ухни что ни есть мочи — забежит, слышь, и следа не отыщешь. Да если и начнет кувыркать он к тебе, только на землю ложись да не дыши. Придет, говорят, понюхает, попробует лапой, а лежачего ни за что не тронет, только лежи дольше, пока совсем не уйдет, а завидел, что ты встал да пошел, тут хоть и ложись опять — другой раз не надуешь. А за зад не дает хвататься, и уж если собаки впились туда — пропала медвежья сила. Так ли я говорю, дядя?

— Попытал, брат, я этой медвежьей силы — был под хмельком да и ударь раза два для смеху. Взревел Мишук и плясать перестал, как ни ломал — не хочет! Я его еще колонул, как он рявкнет, братцы, да вскинется, вот о сю пору памятка осталась.

И сергач, в удостоверение истины, показал на изрытое рубцами плечо, где еще ясно можно было разглядеть пять кругленьких ран — следы медвежьего гнева.

— Насилу, братцы, водой отлили!— закончил сергач.

Дивились слушатели и качали головами.

— Ведь вот, почтенные, толковать теперь будем: и зверь, глядишь, а сердце словно человечье!— заметил целовальник.[12]

— Да и ухватки-то все человечьи!— поддержал его один из самых молчаливых слушателей.— И на лапах-то у него по пяти пальцев, и мычит-то он, словно говорить собирается, а с боку попристальнее глянешь — словно видал где и человека-то такого.

— Уж и смышлен жеу ребята, откуда разуму понабрался!— продолжал между тем сергач.— Вот как повозишься-то с ними и поприглядишься ко всему, и все запомнишь, коли и рассказать — так слова не выкину. Все, бывало, в овине сижу да с ними и занимаюсь: и на задние-то лапы ставлю, и падог[13] в руки дам, ну и побьешь в ину пору, коли не понимает. Уж пытал батюшка-священник уговоры делать:

"Чтой-то,— говорит,— Мартын, ты, братец, тот да не тот, никак тебя теперь к дому не залучишь — уж не жениться ли собираешься? Вот овин бы,— говорит,— топить надо да и снопов остатки нужно перевезти туда, а то погниют совсем". Тут-то меня словно по лбу кто, а у самого догадки-то не хватило: сгреб я пострелят-то мохнатых, да и поволок в свою избу, что пустой стояла: жила тут нищенка да и померла в осенях. Бегом бегу я домой и крепко полы придерживаю, да как раз на самого-то тут тебе и наткнулся. Начал стыдить — земля, братцы, подо мной загорелась. "Ты-де не малый ребенок — нанялся бы в няньки, все лучше с человеком-то возиться. Повойник бы,— толкует,— надел, сарафан синий, взял бы копыл[14] и нитки сучил. Гвоздил, братцы, до того, что горю со

[12] целовальник — то же, что сиделец.
[13] падог — батог, палка.
[14] копыл — прялка.

стыда, деться негде, а и выпустить медвежат — так в пору. Да нет! Удержался, хоть и народ обступил. "Ни за что,— говорю,— не брошу, хоть и стыдно больно, а не кину; привык,— говорю,— водой не разольете!" Как приду, бывало, к ним в избу — овсянки натолочь или щей налить, что у матушки выпросишь,— идут к тебе пострелята вперевалку. Станут на задние лапы и на руки к тебе просятся, а сами друг дружку толкают — приучил, вишь, так: кому первому, так и берут завидки и того и другого. Приласкаешь немножко, покормишь, играть начнут с тобой. Дашь им палец — сосут, а не кусают, пока зубов-то не было. Начали вот и зубы прорезаться, так с зуду, что ли, али потехи ради все лавки изгрызли. Корыто, вишь, было — так и то никуда стало не годно: все исщепали. Гляжу-погляжу: стали мои ребята промеж собой драки заводить, да так часто, что уйму не было. Слышу, бывало, из сенец, возню да рев подымут такой, что унеси ты мое горе. Прихожу как-то раз в осенях: лежит один косоглазенькой и еле дышит, глянул на меня, да и опять нос под себя подвернул. Поставил я овсянки — так не ест и с места не встает; братишка его такой шустрый да веселенький — нет-нет, да и щипнет лежачего-то. Ну, думаю, подрались ребята — помирятся. Пришел я по вечеру — лежит еще тот и на меня уж не глянул. Братишка возле сидит да нюхает, и лапой-то двинет, и на меня-то обернется. Э, думаю, худое дело! Зашла шутка не туда, где ей следно быть. Потрепал живого сорванца, да, видно, одно и осталось — стащил мертвого на зады да и закопал в ямку. А уж куды, братцы, жалостно было — ино место слеза прошибла. И остался я при одном, вот при этом, а ту, медведицу-то, так и поучить не удалось.

Возился-то я с ним до весны,— продолжал сергач, утерши слезинку, выжатую не то хмелем, не то и в самом деле воспоминанием об утрате одного кормильца.— Пришел я, братцы, в хозяйскую избу — сидит эдак батюшка за столом, под тяблом,[15] и книгу толстущую с полицы снял да читает. А тут попадья сидит на конике[16] и считает яйца. Положил я на полати шапку, рукавицы, распоясался и начал разболокаться. Слышу — крякнул отец Иван, поглядел на меня через очки да и стал выговаривать. "Что ты,— говорит,— Мартын, не поприглядишь себе местишка какого, ведь вон весна наступает? Али с медвежатами,— говорит,— пойдешь, да ведь поди еще не пляшут?— А сам улыбнулся да и опять сердито смотрит.—

[15] тябло — полка для икон.

[16] коник — ларь в избе, крышка которого используется как скамья.

Ищи,— говорит,— Мартын, места другого, а уж нам ты не нужен!" Больно разобидел он меня этим словом, уж лучше бы инако как вымолвил. Ну, думаю, ладно, служил я тебе без перекору, а коли медвежонок тебе не люб — прости, отец Иван, не поминай лихом! Да на другой же день и перебрался я, братцы, к себе в избу. Кое-как перебился и лето и зиму — то лыки драл да плел лапотки, да березки молоденькие подрубал, то веники вязал да продавал в город. Больше, впрочем, ученика-то своего обучал. Прислушался у татар приговоров, кое-что от себя понабрал на досуге, да как поприсохло весной, я и поволок его в город: ходи-де, Миша, похаживай, говори да приговаривай. С тех пор вот и мыкаемся с ним по чужим людям и везде — спасибо — обиды не видим. Разве у иного ребят перепугаешь, так велят убираться. Зимой лежишь дома. Сам-от спит, а ты свое дело справляешь: лапти, что ли, тачаю... По три, братцы, пары в сутки делаю!— прихвастнул сергач и, разбудивши товарищей, поплелся вон на свежий воздух, сопровождаемый единодушным, тяжелым вздохом всех своих слушателей.

Вышел вятский на крыльцо, и видит он, как поднялся сергач на гору и повернул направо к густому перелеску. Все меньше и меньше становятся путники, далеко бредут они по оголенному пару, чуть-чуть видна вдали деревенька, словно одна изба, и ничего кругом: одно только длинное поле, по которому босому пройти кромешная мука: торчат остатки ржаной соломы вперемежку с пестами, до которых охотники малые ребята да деревенские свиньи. Идет хозяин все впереди, опираясь на палку. Чуть-чуть передвигая ноги и низко опустив голову, плетется и его медведь, сзади идет с котомкой коза-щелкунья. Можно еще и цепь различить и ноги пешеходов, но вот все это слилось в одну сплошную массу и чуть распознаешь их от черного перелеска. Скоро и совсем потонули они в куче деревьев. Вот завыли где-то далеко собаки, видно, почуяли незнакомого зверя и дикое мясо. Вздохнул вятский и вернулся в питейный, да прямо к сидельцу.

— Дай-ка,— говорит,— поскорее еще красовулю!

* * *

Недалеко ушли наши путники, где-нибудь под сосенкой или просто в дорожной канаве завалятся они на ночевку: тут медведь, рядом с ним и сам поводатарь. Ухватил Мишук хозяина лапой и дует ему в лицо и ухо целые столбы пару.

Крутит головой сонный хозяин, а проснуться не хочется — крепко умаялся в запрошлый день, да и отяжелела голова от бушневского угощения. К утру только очнулся сергач и, изловчившись от тяжелых и удушливых объятий зверя, положил свою голову на его мягкую, мохнатую спину и поглядел на сына. Крепко спит тот, уткнувшись в котомку и накрыв лицо шапкой; ни с того, ни с сего ухватился он за веревку на барабане-лукошке и тянет на доморощенном свистке нескладную песню. Но вот выкатилось солнышко из-за верхушек сосен, потянулось по небу и назойливо глянуло в защуренные глаза наших комедиантов; обдает их варом и ложится на лица загар новым слоем, а тут налетели комары да мошки; собака взвыла поблизости, лошадь бешено заржала, и коровы мычат как-то жалобно. Овцы рыкают по полю, и собрались свиньи в особую кучу, тесно сбившись спинами. Проснулись и наши путники и, умывшись в первой попавшейся речке, снова поплелись в дальний путь-дорогу.

Сегодня опять будет плясать и медведь, и коза, и поводырь. Может быть, опять попадут на праздник, и угостят их густым пивом, крепко приправленным свежим хмелем. Будет хозяин читать опять те же приговоры, ничего не прибавит. Попробовал было раз, да плохо вышло, и почесал он под бородой, а на другой день встал, совесть мучает, и спрашивает вожак своего сына:

— А что, брат Мишутка, никак уж я вечор больно дурить начал? Вишь ведь эта хмель проклятая, прямо тебя на смех сует. Надо завсегда бояться того, чтобы такой приговор твой поперек сердца не пришелся становому, что ли, или какому начальнику. Захочется брякнуть — оглянись, а то все лучше привяжи язык свой на веревочку. Меня уже за это раз в городу отодрали и выгнали вон.

И зарекся он с тех пор прибавлять от себя и решил один раз навсегда: "Видно, как все говорят, так и мне приходится, а новое-то как-то и не под стать, да и ребятам не нравится, разве уж когда под хмельную руку и выскочит что не думавши, так тому стало этак и быть".

Может быть, попадет сергач в барскую усадьбу и начнет покрикивать перед балконом, поминутно путаясь от старания говорить не то, что прилично слушать своему брату, а господскому уху не стать и неприлично.

Станет расспрашивать его барин, пригласивший медведя для удовольствия детей: — Что это у тебя — медведь или медведица?

Сняв шапку и низко кланяясь, сергач говорит своим низовым наречием, свысока и с выкриком:

— Вядмидь, батюшка, вядмядича-то ашшо махонькой померла.

— А как ты выучил его пляске?

Сергач, почесывая затылок и опять с поклоном, отвечает барину:

— Все, батюшка, палкой! Знать, на все-то она пригодна, кормилец. Палкой Мишку донял, палкой и науку втемяшил.

Усмехнулись все гости и дальше продолжают расспросы:

— Из выручки-то остается, поди, лишок?

— Какой, господа милостивые, лишок: еле конец с концом сведешь, да и то бы ладно.

Говорил поводырь сущую правду. Ремесло сергача не для наживы, а для прокорму: еще ни один из них не только каменного, но и деревянного дома не выстроил, а вернее, что и тот у него, который от отца достался, разметал ветер и прогноили дожди. Промысел этот — весь ради шатанья, и эти плясуны — бродяги настоящие (что и медведь в лесу), к тому же бродяги такие, которые и в народе не пользуются никаким уважением, как шуты гороховые и скоморохи. От последних они, впрочем, и происходят по прямой нисходящей линии, как законное и кровное потомство. Для медвежатников, как бы широко ни концентрировались круги, у всех один центр — кабак. Для вина и пьянства, кажется, сергачи и с места поднимаются и лет по десятку не возвращаются на родную сторону. Не только спаиваются сами хозяева, но спаивают и делают пьяницей и медведей, зверей лесных; пьют они с горя по утрате воли.

Но барин продолжает спрашивать:

— А не продашь ли ты медведя-то? Мне бы вот сани казанские обить хочется, знатная бы полость вышла из твоего зверя.

Увлеченный предположением барина, сергач погладил медведя, любуясь его густой жесткой шерстью.

— Нет, кормилец, ста рублев твоих не надо!— отвечал он решительно.— Пусть лучше сам поколеет, тогда разве не жаль будет и шкуру снять. А теперь нам продать не из чего. Нет уж, ваша милость, не утруждайтесь! Еще послужит он на мое убожество. А убить за что? Худого не сделал, кроме добра одного,— продолжал рассуждать вожак, с любовью гладя медведя и кланяясь барину.

— Отчего он у тебя маленький — молод, что ли?— спросила востроглазая барышня.— К нам недавно большого приводили.

— Уж такой, стало быть, уродился маленький. Вот медведица, так та, вишь, завсегда покрупней бывает.

— А чем ты кормишь его?— продолжала востроглазая расспросчица.

— Высевками, кормилица, да мякиной. Сделаешь месиво на горячей водице, да тем и кормишь. Мяса-то, вишь, боимся давать, хоть и охоч он до него, особо до сырого-то. Злится он больно, благует так, что из послушания выходит, и уйму нет никакого. А уж плясать, матушка, так ничем не приневолишь — урчит да огрызается и рыло под себя подбирает.

— Принесешь ты нам медвежоночков маленьких?— картавил баловник в плисовой курточке.— Папаша! Вели ему принести медвежоночков.

Кланялся сергач домочадцам, и утешал папенька баловня-сынишку.

— Не кусается он?— спросила опять любопытная барышня.

— Нет, матушка, не кусается.

— Да я думаю, и нечем?— подтвердил барин.— И кольца в зубы продеты, да и самые-то зубы, чай, все повышиб с места. Если и оставил какие, так и те, я думаю, сильно качаются. Так что ли?

— Как же, коли не так, ваша милость.

— Так ступайте же на кухню, там вас обедом накормят и вина поднесут. А это сын, что ли, твой?

— Сынок, кормилец, Мишуткой зовут.

* * *

Вот так, пробираясь по барским усадьбам, маленьким городкам и деревенским праздникам, бредет наш сергач и на родину, чтобы плесть дома из лыка лапти, тачать берестяные ступанцы или веревочные шептуны из отрепленных прядок, и вьет к ним оборы, а потом целым возом таскает их на ближний базар и кое-как пробивается до весны, в которой ему ровно нет никакого дела. Уж если обзавелся медведем, так одна дорога — мотаться по чужим людям, куда редко пойдет тот, у кого есть запашки и пожни, хотя даже и небольшие. В свою очередь, ограничиваются и неприхотливые зрители одним и тем же представлением и от души смеются тем же присказкам и остротам, какие, может быть, только вчера рассыпал перед ними другой вожак. Редкое, диковинное наслаждение, истинный на улице праздник, когда появятся в деревне в один день два зверя и четыре проводника: во-первых, и грому больше — в два лукошка грохочут, и борьбы больше — два парня снимаются. А во-вторых (и это едва ли не главное), стравливают медведей, которые, как звери незнакомые, рвут на себе шерсть до того, что клочья летят, ревут так, что у слушателей волос дыбом становится, и сильная медведица так быстро и далеко бросает менее сильного медведя, что человеческой силе и во сне не привидится. Это удовольствие хотя и просто делается — стоит только соединить обе цепи противников или столкнуть их задами, да подальше прогнать толпу зевак,— но зато случается чрезвычайно редко. Не всякий хозяин решается жертвовать своим кормильцем, разве соблазнят его большие деньги, затаенная мысль о предстоящих выгодах и прибыли да крепкий задор похвастаться силою своего питомца. Тогда он даже готов согласиться с охотником-помещиком и на травлю собаками: снимет цепь да и отойдет, подгорюнясь, к сторонке.

Долговечно ремесло сергача, как и всякое другое, на какое попадает русский человек, который не любит метаться от одного к другому и крепко стоит за знакомое и привычное, только бы полюбилось ему ремесло это. А там не до жиру, быть бы живу, рассуждает он, и сыт и весел, как попался мосол, лишь бы только свой брат не попрекал негожим словом. И ходит он с медведем, пока таскают ноги, а свернулся зверь от лет или болезни, и купит его шкуру наезжий кожевенник,— берет тоска хозяина: не ест, не пьет, все об одном думает. За дело хватится — да все прыгает вон из рук, отвык от всего, ни к чему способа нет приступиться. Подумает, подумает горемыка, да и пойдет, при первой вести о лютом звере, с рогатиной или другой какой хитрой уловкой, чтобы загубить медведицу и отнять у ней детищей. Потом опять набирается он терпением: учит медвежат стоять на задних лапах, передвигает им ноги для плясу и других потех, какие делал покойник, а там кое-как проденет кольца, попытает ученика перед своей деревенской публикой и смотришь — повел он зверя на людское позорище[17] и опять выкрикивает свои старые приговоры.

Но вот стареет сергач, долго ходит он все с одной потехой, приелась она ему, как иному старику сулой[18] с овсяным киселем, и стыдно становится, да и укоры начались от других стариков свояков: "Что ребятской-де потехой занимаешься на

---

[17] позорище — в старорусском языке — зрелище; здесь — погляденье, потеха.

[18] сулой — вода с мукой и закваской.

старости лет? Зубы ведь крошатся, а ты песни поешь да пляшешь перед народом".

— Брось, Мартын, пора за ум взяться, какое ведь твое ремесло? Ничего ты не нажил, вот и выходит, что и с седой ты бородой, да с худобой.

"Может, и дело говорят",— подумает вожак да и сбудет выученика первому наклевавшемуся охотнику. Немного протоскует, конечно, да найдет утешение: просто-напросто делается из поводыря записным медвежатником — одно от другого недалеко, оба ремесла двор о двор, по соседству живут.

Первую песенку зардевшись спеть, говорит поговорка,— так-то и медвежатник начинает свою охоту хитрыми уловками, которые состоят в том, что он ловит медведя там, где этот невольно показывает свою слабую струнку. Известно, что нет ни одного зверя, который бы любил так мед и так бы часто посещал борты[19] как мохнатый, Михайло Потапыч. Сколько смешных и вместе с тем остроумных шуток придумал враг-человек: повесит чурбан, который чем сильнее бьет медведя в лоб, тем больше злится зверь и качает чурбан лапами; соорудит навесец — лабаз, который отгораживает сласти от лакомки, и лишь только Мишка пропихнет свою лапу в единственную щель, оставленную ему хитрыми врагами, и иной раз даже вытащит соты, как десятки острых гвоздей готовы уже к его услугам, как ни бьется медведь, а приходится умереть самою глупою смертью: разобьют его зад толстыми палками и примут потом на рогатины. К таким штукам прибегает на порах охотник и не заводит собак, не покупает двухствольного ружья, предоставляя это дело настоящим охотникам; он без крику и шуму выберет в лесу березовую толстую палку, обточит ее поглаже, зайдет к соседу-кузнецу и просит сделать копье-наконечник, потом приделает под копье перекладинку из той же березы — и вот он, обладатель рогатины, идет подбивать кое-кого из охотников.

Втроем-вчетвером, все с рогатинами, один про запас ружьишко прихватил,— идут смельчаки по протоптанной траве, прямо к берлоге. Разбудили зверя и криком и шорохом, подняли на дыбы, и зачинщику первое место. Наученный заранее, как вести дело и остерегаться, чтоб зверь не вышиб или не переломил бы рогатины, смельчак, не взвидев света, рванулся на зверя и врубил половину оружия в медвежье мясо, прямо под ложечку. Дико заревел медведь, но напал не на

---

[19] борты — или борти. Борть — пчелиный улей, выдолбленный из цельного куска дерева.

олухов. Не успел он, может быть, осмотреться порядком, как охотник упер рогатину в корень дерева, и чем больше бился зверь и хватался за рогатину, тем она дальше и дальше уходила внутрь. Осталось товарищам дорезать добычу ножом и разделить между собою.

Но вот, полонивши с десяток медведей сообща с товарищами, охотник задумал новую штуку: понабрал пузырей, сыромятной кожи и обтянул себе затылок, шею и плечи, засел на печь, и заскорузли снаряды толстой броней. Два дня принимался он точить широкий нож, заостренный с обоих концов, и никому не говорил о задуманном, как ни добивались ребята-товарищи. Они уж после смекнули, что надумал он идти один на один.

— Пускай попытает!— решили они, и ему ни полслова о своей догадке.

Пришли только раз да сказали, что вот-де верст с десяток оттуда проложил медведь тропу и ревет по зорям. Закипело сердце у охотника: и страх, и радость, и боязнь, и храбрость — все в один раз приступило. Привязал он нож туго-натуго ремешком к руке, надел полушубок и захватил одну только рогатину. Идет по тропе и прямо к тому месту, где медведь показался. Смотрит мохнач и заподозрил врага: встал на дыбы и прямо к нему навстречу. Минуты не прошло, как уже рогатина попала в зверя и крепко рассердила его. Пока он собирался с духом, охотник прислонился за толстым деревом и выжидал удобной минуты. Свирепствует зверь и хватает землю огромными глыбами; начал вырывать кусты и швырять их в сторону. Стоит охотник незамеченный, и взбрела ему мысль непрошеная: дать тягу, да куда-нибудь подальше. Но, видно, не совсем потерялся, вспомнил, что тут-то ему в бегстве и неминучая гибель. Загорелись его глаза каким-то страшным огнем, и губы дрожат, а мурашки так и сыплют по телу: бросился он вперед что было силы и, заслонив лицо левым локтем, лежал уж под зверем и порол ему брюхо острым ножом. Через минуту внутренности медведя, одни за другими, показались на свежий воздух. Угораздил смельчак, как истый знаток, в самое сердце и разодрал шкуру от самой лопатки до клочка хвоста. Льет с него пот крупным дождем и от трудной работы, и от огромной массы, которая тяжелым камнем легла ему на плечи. Облегчился он от нее, свалил мертвого медведя и ни с кем уже не делил его, никого не брал в складчину.

Было бы хорошо начало, а за другим чем уж дело не стало: понравилось молодцу ходить один на один и бьет он на то, чтобы дойти тридцатого, а там, говорят, сколько ни ходи,— ни один уж медведь не уйдет и не тронет.

ГРИБОВНИК

В самой дальней глуши одной из отдаленных и к глухих северных губерний наших, в двухстах верстах от губернского города, завалился бедный городок, разжалованный екатерининским учреждением о губерниях в посады — посад Парфентьев.

Городком с надолбами, чесноком,[20] рвами и палисадом начал он свое существование еще в те древние времена, когда славяно-русское племя пробиралось на север лесами и среди них и инородческого племени мери устраивало свою новую жизнь и начинало ее не совсем красно и привольно. До сих пор еще по горе, на которой стоит нынешний каменный собор, можно судить об удачном выборе твердыни, за которой отстаивали свое право на оседлое житье древние пришельцы с юго-запада, и отстояли столь удачно, что память о мери осталась только в названии реки, протекающей под горой. Зовется река Неей, принимает в себя невдалеке Сомбас, Вохтому, Кужбал, Монзу и т. п., но принимает также и Чернушку, оправдывающую свое название только по внешнему виду, но не по достоинству воды, чистота и вкус которой обратили на себя внимание путешествовавшего государя Александра Павловича. Кругом посада, еще в 30-х годах нынешнего столетия называвшегося "бывым городом", самое ничтожное число селений сохранило непонятные инородческие звания; громадное же большинство их свидетельствует о силе натиска и распространения русского племени. Кто первым выбрал место и застроился — имя того первого и сохраняется до сих пор в названиях деревень, обложивших посад в великом множестве. Вот с поля на поле Лошково и Свателово, вот Трифоново, Нечаево, Савино, Федюнино, да и Федюшино, Ефимово, Семеново,

Павлово, Еремейцево, Сидоровское и т.д. в бесконечность — все по именам первых выселенцев. Только в верховьях реки, в самой глуши лесов, и удалось удержаться названиям по языку более древнего народа, аборигена тех мест, где новые пришельцы умели выстроить и удержать такие крепости, как Шемякин Галич, как Чухлома, Кологрив и Макарьев, и город

---

[20] чеснок — честнок, частокол.

Парфентьев, лежащий между ними как раз в середине, около 70-ти верст расстояния от каждого.

Не назвался наш городок Парфеновым, как назвался бы он в том случае, когда положил бы ему начало первой избой и хозяйством мужичок-колонизатор (Савва, Ефим, Семен, Еремей, Лошка, Нечай), но получил свое имя несомненно от монаха, выстроившего монастырь в честь Рождества Христова. К монастырю под горой пристроилась впоследствии, как и везде на Руси, слобода (до сих пор сохраняющая свое имя), слобода из людей свободных, которые любили тянуть к монастырям под их защиту и на монастырские льготы. Но о монахе только догадка, и даже о монастыре сохранились самые слабые и смутные предания. На том месте теперь кладбище с десятком необычайно древних сосен — остатком монастырской рощи, а за кладбищем опять клочок такой же рощи, принадлежавшей некогда к воеводскому дому. От последнего остались только гнилушки, да и те уже высушило солнце в пыль и развеял ветер, может быть, в ту сторону, где и до сих пор за одним урочищем или лугом сохраняется название палачовки. Палачам земля эта принадлежала, на палачей посадские люди эту землю возделывали и тем их пропитывали. По другую сторону монастырской горы, где стоит старый собор внутри старой крепости, к соборной горе примыкает третья часть селения, расположенная по склону возвышенности и называемая собственно посадом, где жили посадские люди и ямщики, живут теперь сплошь мещане. В собственность ямщиков была отписана та земля, которая примыкает к Парфентьеву со стороны, противоположной реке Нее,— земля, которую удалось после долгих ссор и споров оттягать в недавнее время крестьянам соседней слободы Лошкова.

Дорога в Парфентьев от губернского города Костромы начинается сразу лесами, которые еще дают себя знать и чувствовать, как серьезные лесонасаждения на целых двух сотнях верст почтового пути, набегающего сплошь и кряду на высокие и крутые глинистые горы. На первой полусотне верст попадается также древнейший город княжеской постройки и древнего славянского имени — Судиславль. Еще через 70 верст от него, также за лесами и горами, на низменности большого озера под крутой горой, сохраняющей остатки Шемякина дворца и крепости,—древнейший город Галич. Кругом его лежат крутые каменистые горы, из которых за одной сохранилось древнее мерьское прозвище Чолсмы, за другой древнерусское — Свиная Нога. От Свининских гор в 60, от древнего Галича в 70 расположился и тот Парфентьев, на котором остановилось наше внимание. Двадцать пять верст от Галича тянется уже густой лесной волок без всякого жилья. Лес вырос на мокрой и еще до сих пор сохраняющей свой дикий первобытный вид местности — огромный холодильник, в котором берет свой исток река Нея, настолько обильная еще водяным запасом, что лишь в двухстах верстах от этого места река теряет свое имя, впадая в Унжу — один из солидных и главных притоков Волги.

Мрачный и мокрый лес кончается лишь для того, чтобы дать место большому селу Бушневу с приселками и множеством других сел опять-таки с коренными русскими именами (Арсеньева слобода, Никола-Угол, Ивановское Лермонтова, Никола Каликино и т. п.), а затем опять леса и селения в перемежутку. Селения Бородино, Зикеево, Задний двор, Передний двор, Середний двор, и между ними Погорелки, Починки, Потрусово — как свидетели тех неключимых бед и напастей от пожаров и болезненных "трусов" — моровых поветрий, которыми приветствовала дикая страна новых непривычных пришельцев с теплого юга. Но вот и деревня Трифонова, остается всего пять верст, но лес неотвязчив. Он еще продолжает тянуться перелесками, хотя борьба с ним пошла не на шутку: то и дело по сторонам тянутся возделанные поля, засеянные или гуляющие под паром. Вот за три версты мелькнул крест посадского собора внизу под горой; надо еще ехать, чтобы увидеть купол, главы, крышу церковную, мы на возвышенности, и дорога наша отлого, но едва приметно спускается тянигусом по покатости. Остается верста — и посад виден весь под горой, как бы в яме, как Галич, как Судиславль, Ростов Ярославский, Переяславль Залесский и другие древнейшие города, когда у пришельцев не было еще настолько смелости и права, чтобы победоносно взбираться на горы, как забрались на Днепре — в Киеве, в Могилеве, в Смоленске.

Подъезжая к Парфентьеву, оглянитесь: много ли таких картинных местностей на Руси святой? Кругом обступили горы: посад действительно в ложбине. По горам стоят густые сухие леса, так называемые боры, кое-где перерезанные пустырями, означающими присутствие пашен, лугов и селений; пять сел кажут через лесные гребни золотые кресты и белые каменные здания: вот прямо Успенье-Нейское, левее Дмитрий-Потрусово, Ефремье, Веденье и Никола-Ширь. Последний справедливо, с поразительной поэтической правдой, рисует свое место — действительно непроглядную ширь, действительно одну из красивейших, очаровательных местностей, перед которой может уступить даже и парфентьевская. Очень нетрудно найти такие пункты, с которых леса кажутся в таком изобилии, что будто разлилось лесное море, среди которого даже не видать и этих белеющихся островов с лугами и селениями. Огромное беспредельное море лесов, среди которого становится даже положительно страшно, представляет в этой местности именно то явление, каковое скоро сделается большой редкостью на всех пространствах северной России, прорезаемой Волгой и ее притоками. Парфентьевская местность обманчива в том лишь отношении, что, представляя посад под горой и как бы в яме, в самом деле сохраняет его место на горе довольно крутой и высокой. Низменность предшествует лишь реке и, занятая слободой посада, суха, широка и привольна по богатым травою лугам, которые с древних времен принадлежат первым хозяевам местности и называются поповскими, составляя собственность парфентьевского духовенства.

Насколько выигрывает посад от такого своего красивого лесного положения, можно судить из того, что воздух весь пропитан ароматом окрестных сосновых лесов, весь наполнен смолой, без малейших признаков присутствия болотных миазмов: леса в этом случае блестящим образом исполняют свое главное мировое назначение — быть естественными регуляторами ветров и сырости. Кроме того, за лесами еще служба, при способности принимать в себя различные газы и перерабатывать их в собственное вещество,— очищение воздуха, который портится дымом жилых строений, теплинами на полях и лесах, дыханием животных и людей и испарениями земли, которая к тому же здесь больше, чем где-либо, требует и получает удобрения. Насколько же сильно влияние лесных насаждений, буквально обступивших посад со всех четырех сторон, можно уже судить из того, что здесь ни разу не бывала холера, поглощавшая множество жертв в окрестностях не более десятка верст. Сверх того, долголетие обитателей резко бросается в глаза: лошковский старик, бывший посадский церковный староста Роман Абрамыч... умер 110 лет, его соседка по избам — 122, Тимофею Аникичу — 90, старик рождественский священник Иоанн Клириков умер 85 лет и т. д.

Насколько же выигрывает посад от своего положения в такой отдаленной глуши (даже по отношению к губернскому городу) при содействии отчаянных дорог, идущих по лесам, по крутым горам и по глиннику (который в сухую погоду делает костоломный колок, а в дождливую невылазен),— читатель может судить по нижеследующему.

Бедность жителей поражает всякого при первом взгляде: нет ни одного каменного дома, а большая часть деревянных прогнили до слез, покривились и полуразрушились. На слободку подле кладбища, отделенную от посада глубоким оврагом (и потому названную Завражьем), и глядеть больно: как заселилась она в древности по обычаю самым бедным людом, не ужившимся в посаде, так и теперь на большую половину застроена старыми срубами, которые только оттого и похожи на хижины, что прикрыты обрешетившеюся дранью и не покрыты соломой затем, что это запрещено в городах и преследуется. Наряд жителей до сих еще пор на большую часть шьется из домотканых материй, и домашние станы, про свой обиход, еще не так давно щелкали почти в каждом доме. Только в последнее время двух десятков лет ивановские ситцы и московские сукна стали подспорять этому горю, но довольно слабо и не совсем удовлетворительно: много заплат, много наставок, лоскутков и рвани довольно. Не носят посадские лаптей только потому, что совестно это господам-мещанам, но окрестные крестьяне все сплошь обуты в дешевый продукт березового и липового дерева: в шептуны и лапти. Словом сказать, посадская бедность сквозит отовсюду.

Мещанское право — по положению — отняло пахотную землю, оставив лишь при выгоне, но парфентьевцы с отчаянием ухватились за кое-какой клочок пахоты и отвоевали ее во время введения екатерининского городового положения. Чтобы спасти себя, стали кортомить[21] земли у соседних крестьян, но не спаслись и этим: земля их холодна и климат суров. Овес, ячмень, рожь, лен да и все тут (один затейник-барин в 4 верстах по соседству пробовал за лесом высеять гречку, да на другой год уж и не убытчился, не сеял). К тому же и то, что высевается, на шестой год, голодный, всегда не доходит, но и в счастливое время родится только сам-три, сам-четыре, отбивая от земли всякую надежду. И удобренная щедро под самыми домами и на огородах земля не поднимает даже такой благодатной овощи, как огурцы: их привозят из-за семидесяти верст, из Галича. Вот почему людны и крикливы посадские базары в четверги по зимам, когда окрестный крестьянский люд собирается поделиться с мещанством мешочками убереженного жита и обменять его на сушеного и страшно соленого судака, которого перекупают мещане на более отдаленных ярмарках, шумящих в стороне к Волге и вблизи этой реки — всероссийской кормилицы. В базарном

---

[21] кортомить — арендовать.

шуме прорывается ясно вопль отчаяния голодовки окрестного люда, а посадских людей всех звончее и отчаяннее.

Что же посадским мещанам остается делать посреди самых невыгодных условий и гражданского положения, и климатических неудобств? Да то же самое, что и прочему мещанству иных городов, поставленных даже и среди более благоприятной и счастливой обстановки! Городская жизнь, при наибольшем развитии общежития и при сильнейшем подспорье нужды и бездолья, сделала из мещан людей бойких, смышленых, находчивых и при этом поместила их в среде деревенских жителей, сплетенных проще и более подслеповатых. Отсюда постоянные стремления и возможность поживиться от простоты деревенщины, маклачить на ее счет на всякую стать, какая только подвернется. Вот почему в Парфентьеве народились барышники на крестьянских лошадей такие, что знают их и боятся даже в очень далеком вятском городе Котельниче, где, как известно, раз в году бывает одна из самых крупных конных ярмарок. Человек десять парфентьевских мещан мечутся, как цыгане на торгу, на двух своих ярмарках — в девятую пятницу (по Пасхе) и на Макарьевской (25 июля) — с кнутом за поясом, с крупной, всегда готовой на устах бранью, с озорным криком, со лживой божбой и с тем плутовством, которое не щадит и отца родного. Вот почему посадские занимаются и таким последним делом, как битье кошек, и за то прозваны от соседних крестьян кошкодавами. Заводов кошачьих они, впрочем, не держат, а бродят по деревенским задворьям и воруют чужих. Воруют же и от бедности и по той причине, что под Галичем с древнейших времен приладилась большая промышленная слобода Шокша с кожевенными заводами, выделывающими меха и кожи. Кошка идет на опушку шапок, а за скотскими шкурами пять-шесть парфентьевских мещан круглый год ездят по окрестным деревням. Шокша перерабатывает все это в ходовой товар, который и исчезает в ней, как капля в море, потому что шоковские ездят еще в архангельский город Пинегу, где и скупают все меха тундряного зверя: песцов, горностаев, оленей, волков. Наука воровать кошек не прошла для посадских совсем бесследно: хаживали они по ночам и за другими продуктами, угоняли лошадей и коров — то и дело ходили по базару мужики с шапкой на палке и с криком: "Не видал ли кто таких-то примет пропавшую скотину?" Бывали времена, что некоторые мещане выходили и на торговую дорогу встречать или провожать купеческие обозы с красным и дворянским товаром, а когда появился в тех местах в двадцатых годах нынешнего столетия известный разбойник Васька Торинский, трое парфентьевских мещан угодили в Сибирь. Впрочем, это — худшие, более забаловавшиеся и более голодные, у которых отчаяние бездолья растравлено пьянством и налажено кабаком. У хороших и лучших — другие пути и средства.

Парфентьев выстроился именно в такой местности, где все население давно и крепко убедилось в том, что житьем дома на неблагодарной земле не проживешь, надо уходить в хорошие места, искать заработков на стороне. Это тяготение вон на отхожие промыслы — явление не только очень давнего происхождения, но и поразительное по обилию уходящего люда и по разнообразию способов и форм самой промышленности. Парфентьев в этом отношении составляет даже такой замечательный пункт, на котором встречаются два пути для выхода на отхожие промыслы и оба переламываются, расходясь один от другого в совершенно противоположные стороны. Тотчас же за рекой Неей, омывающей посад с северной стороны, все лежащие волости высылают народ на восток, в "Сибирь", как привыкли там выражаться по древнему праву и обычаю, хотя в настоящее время эта "Сибирь" есть не что иное, как губернии Вятская, Пермская и Казань. Здесь нанимаются на заводские работы, но всего более любят коновалить, а подчас и колдовать. Затем все волости по сю сторону Неи, к Галичу и Чухломе, тянутся прямо на запад, и именно в Петербург, где в особенности много чухломского и галицкого люда: в десятниках и плотниках, в малярах и стекольщиках, в каменщиках, печниках и штукатурах, в сидельцах лавочных и торговцах-ношатых с разносным товаром. Насколько древен занейский уход в сибирские страны, настолько же стар теперь стал и местный отхожий промысел в Питер, одновременный первым годам основания столицы, когда потребовались туда лучшие русские плотники и между ними самые лучшие — жители лесных деревень Костромской губернии.

Мещанская гордость и городское тщеславие крепились очень долгое время среди окрестного соблазна, не поддаваясь тем двум тягам, которые равно были сильны; парфентьевские жили дома, рассчитывая на отсутствие мужчин и легкую добычу около баб. Но когда и баба выросла сметкой и толком до хорошего мужика, но когда и мужик стал являться развитым и умным далеко свыше ума и развития торгового посадского, когда, наконец, попробовали двое-трое посадских, преодолев стыд и предрассудки, сходить в Питер и им посчастливило, с этими тремя отпустили мальчиков. Мальчики, сделавшись взрослыми мастерами и торговцами, потащили за собой и собственных детей и ближних родственников. И вот лет тридцать тому назад зазнали в Петербурге и мещан парфентьевских. Не выродилось из них ремесленников и мастеров, но в торговом классе мелких торговцев и приказчиков стали приметны и они: довольно парфентьевских на рыбных садках, есть и на Апраксиной дворе, но всего больше и очень много на Андреевском рынке, который они особенно полюбили. Но много их остается еще дома, удерживаемых или предрассудками стариков, или крайней настоятельной нуждой быта при своем пепелище, или выгодами нахоженного и налаженного промысла в ближней окольности, или, наконец, крайней безысходной бедностью, решительно не позволяющей подняться с места и обратиться в такой дальний путь. Однако домашнее дело плохо кормит, и на доморощенном коне далеко не уедешь. Судьба таковых поставлена невыгодно и подчинена замечательным случайностям. Так, например, благодаря обилию и сохранности окрестных лесов, житейская судьба парфентьевских жителей на большую долю и крепко подчинена урожаям на лесные произведения: отчасти на ягоды, но всего больше и по преимуществу на грибы. Надо сказать правду: в урожае грибов все спасение и вся надежда посадских домоседов и старожилов. А так как не всякий год на них урожай, а надежды сосредотачиваются в этом пункте в большой массе, то и понятны та бедность и бездолье, которые резко и характерно бросаются в глаза. Как, по-видимому, ни странно, что жизнь сотен людей зависит от этих тайнобрачных растений, носящих название масленников, рыжиков, белых грибов или, по торговому, черного и белого гриба,— тем не менее вот целая и большая местность с древнейших времен приурочила себя к этому делу, связала с ним свою судьбу и обратила грибы в товар, а дело собирания и приготовления их в особый промысел, способный прокармливать целые семьи, большой посад, великое множество деревень и т. д. Попутный посад Судиславль (также безуездный город Костромской губернии) за то, что принялся у парфентьевских скупать грибы и торговать ими, успел обстроиться гораздо лучше и выстроить даже несколько каменных домов, и все положительно от грибной торговли. Оборот грибов у самого богатого судиславца (Папулина), по самым верным слухам и расчетам, простирается в год до полутораста тысяч. Посад Судиславль приобрел в России по этой торговле довольно громкую известность и успел затереть и затемнить совсем своего главного и первого поставщика — Парфентьев, и разделяет Судиславль свою славу и барыши только с Егорьевском (Рязанской губернии) и с Каргополем (Олонецкой губернии), откуда, впрочем, идут более рыжики, получившие очень давнюю и большую известность{В последнее время значительными массами на петербургские рынки стали доставлять грибы евреи из мокрых лесов Северозападного края, но эти грибы дурного качества и очень дурного приготовления — слабые соперники грибов севера России, т. е. костромских и рязанских. (Примеч. С. В. Максимова.)}. И тот и другой уверенно рассчитывают и твердо опираются (хотя и не с прежней силой) на обилие постных дней, число которых в годовом церковном кругу православной России простирается до 195, то есть более половины года.

Мы не сомневаемся в том, что грибной промысел бывшего города Парфентьева идет из древнейших времен, обладая всеми свойствами первобытного сколько по замыслу, столько и по исполнению. Нигде в окрестностях он не развит в такой мере, да и вся мелочь сборов в более отдаленных окрестностях все-таки свозится в Парфентьев или, собственно говоря, в село Успенье-Нейское, удаленное от посада только на четыре версты. Здесь также по дешевому приему и указаниям самой природы 15 августа бывает ярмарка специально грибная, которая и у места разыгрывается в одно утро, потому что производят грибную развязку каких-нибудь десяток молодцов, приезжающих из Судиславля, и между ними приказчики такого крупного купца-капиталиста, каков Папулин. Посадская макарьевская ярмарка (25 июля с подторжьем 24 числа) несколько ранняя для грибов, а потому шумит больше крестьянским товаром: изделиями деревянной посуды, лаптями, красным товаром и галицкими огурцами, за которыми приезжают чиновники даже из того города (Кологрива), к уезду которого приписан "бывший город Парфентьев".

Сбор грибов начинается в июле и к середине его не представляет еще такого множества продукта, которое обещало бы ему возможность сделаться предметом настоящей оптовой торговли. К августу собранные грибы приготовляются уже впрок, т. е. высушиваются в печах, и над посадом стоит уже смрад, и на дальнюю окольность несется характерный запах сушеных грибов. Мещанские избы пропитываются тем же запахом насквозь на долгое время; понявы и сарафаны, армяки и рубахи — все несомненно доказывает, что идет грибная сушка, требующая большого количества дров, которые, однако, не имеют почти никакой цены (березовые дрова, по заказу, толстые трехполенные стоят 1 рубль 20 копеек, а сосновые и хворост со щепами рубятся без всякой пошлины, весь расход — взять топор и нарубить, запрячь лошадь и привезти). Сначала идут масленники и сушат их; в торговлю поступают они под именем черного гриба, потом появляются целики и белые грибы вместе с родичами своими — боровиками и березовиками. Одновременно, к концу июля, поспевают рыжики, которые особенно любят августовские росы по утренникам, и в августе же, к холодам, выходят грузди с родичами своими — свинарями. Три последние сорта грибов — останных — поступают в мочку и солку и, вылежавши под прессом, являются лучшим сортом соленых грибов, потому что необыкновенно тверды (ядрены), устойчивы для сохранения и потому пользуются наибольшим почетом и уважением в торговле. Соленые грибы продаются в кадочках и ведрах, сушеные нанизанными на нитках связками, отборные с одними шляпками, неотборные и с корешками. Продают же на вес и те, и другие, и третьи.

Сбором грибов занимаются все от мала до велика, с раннего утра, можно сказать, с первым лучом восходящего солнца, отправляясь в соседние боры. Самые искусные сборщики, если грибы появились поблизости, сходят в день раз до пяти и возвращаются обыкновенно очень поздним вечером. "После парфентьевских уже в лес не ходи" — таково общее окрестное мнение. И действительно, оживают соседние леса от перекрестного и беспрестанного ауканья, и нельзя представить себе в лесу такой глухой трущобы, где бы не привелось натолкнуться на кого-либо из посадских. Крестьяне мещанам завидуют и исподтишка побранивают, но древний обычай по отношению к грибам сохраняет леса в общинном нейтральном и неделеном владении. Рубить дрова нельзя, но ломать грибы не запрещается. Временные заявления со стороны крестьян на заповеди в своих лесах — замечательная редкость и не имеют особенной силы и значения. Парфентьевские грибовники и грибовницы ходят верст за десять — за пятнадцать, лишь бы были здоровы и выносливы ноги, но, по привычке, в такую даль за грибами ходят даже и старые старухи. За груздями же и свинарями ездят парфентьевские даже за двадцать-тридцать верст в огромный березник под Задориным, в сторону Кологрива, который, как известно, получил и свое имя от того, что лежит коло грив или около двух грив лесных, т. е. сплошных полос: одна идет в Вологодскую губернию и исчезает вместе с архангельскими лесами на тундре, другая соединена с лесами вятскими и пермскими, а стало быть, и с сибирскими, то есть не имеет конца. За груздями ездят посадские уже с кузовьями на двух-трех телегах, опять целыми семьями, но уже с запасами дней на десять и на две недели.

Каждая хозяйка с детьми (преимущественно хозяйка, потому что мужчины охотятся на грибы только в крайних случаях нужды или обильного урожая), каждая хозяйка выхаживает летом грибов на 25—30 рублей, а считая семью в пять человек, получает в подспорье хозяйству ровно такую сумму: 150—200 рублей, которая кормит дом круглый год. В этом отношении парфентьевские мещанки представляют собой то отрадное явление, которое на Руси столь резко характерно, что женщина в домашнем и сельском хозяйстве с достоинством оспаривает у мужчин главную роль. При трезвости, при большей любви к семейству, при заметной честности и трудолюбии и на этот раз они являются ангелами-хранителями и в десятках семей положительными спасительницами в бездолье мещанского быта. Не забудем при этом, что в Парфентьеве двенадцать кабаков и до шести трактиров, где мещанские мужья просиживают время и деньги из собственных заработков с значительным прихватом жениных и детских денег, выношенных на грибах, выхоженных ногами, буквально добытых горбом. Мещанское пьянство равносильно мещанскому безвыходному бездолью, и в Парфентьеве по праздничным дням с избытком довольно и круто посоленной брани, и кровопролитных драк, и неугомонного бесконечного буйства. Для парфентьевских же мещан, сверх того, к воскресным дням для драки и разгула прибавляются по зимам еще лишние праздники — базарные четверги. В этой бездонной пропасти, на засыпку которой тысячами умов еще не придумано никакого средства, исчезают и те малые деньги, которые платят непьющим мещанкам за неверный и ненадежный грибной продукт судиславские кулаки. И слишком жаркое лето без дождей, и лето с дождями, но очень ветреное и холодное в равной степени способны отнять и этот кусок хлеба, не слишком горький лишь по приятности целительных разнообразных и веселых (в компании) прогулок. К счастью, негрибовные лета бывают не часто. Правда, заработок значительно упадет, судиславцы не много оставят денег, но все-таки оставляют, когда пройдет негрибовное лето, но зато неизбежно наступит осень с росами. Росы грибы выгоняют, и рыжики после утренников бывают даже лучше (сочнее и тверже). Развитию грибов, как известно, наиболее способствует холодный и влажный климат, потому что две или три тысячи известных доселе нечужеядных пород являются преимущественно на севере и в середине России; Костромская губерния играет в этом отношении одну из главных ролей, а описанная местность виднее и характернее всех прочих.

Познакомившихся с местностью и промыслом просим теперь обратить внимание на отдельного представителя — нашего знакомца и грибного охотника и любителя.

* * *

Едва только успели отозваться третьи петухи, и разноголосый чередовый выкрик их замер в отдалении, в воздухе наступила прежняя ничем не возмутимая тишина, как бы в ожидании появления солнца. Вскоре пронеслось едва ли не последнее кряканье коростеля, засевшего где-то во ржи, и топот шальных овец, напуганных обнюхиваньем проходившей коровы.

В чистом здоровом воздухе несся издали нескладный звон почтового колокольчика: лениво-сонно болтал его язычок. Ехал ли там угомонившийся и заснувший проезжающий, а может быть, и почтовый ямщик возвращался домой, растянувшись во всю длину своей тряской телеги. На улице сверкнула пролетавшая ласточка, успевшая уже набрать пищи; на дороге щебетала и прыгала сорока; далеко в поле заржал жеребенок, и звякнула колокольцем где-то вблизи стреноженная лошадь. Солнышко выглянуло сначала одним краем, но вскоре и совсем показалось, набрасывая на землю длинные и густые тени.

Все еще спало, но на дальнем конце улицы показалась маленькая темная фигура, при дальнейшем приближении которой нетрудно было узнать в ней Ивана Михеича — первого в околодке грибовника, испытанного знатока своего дела. Не даром же он поднялся так рано, прихватив с собой два больших лукошка, не даром и шаг его так порывист — старик хорошо знает, что ему нужно еще четыре раза сходить в лес, прежде чем придется улечься до другого утра. Не хуже многих из своих соседей знает он то, что грибы — единственное средство его к существованию и что этот год гораздо грибовнее прошлогоднего благодатного лета — нужно же пользоваться этим себе на пользу, другим на зависть и удивление.

С вечера выпал довольно бойкий и крупный, но очень теплый и непродолжительный дождик, так способствующий росту грибов, и Иван Михеич идет в полной уверенности набрать оба лукошка доверху, в чем никто из соседей и усомниться не смеет. Хорошо было известно всем, что ни разу в жизни не возвращался он из лесу с пустыми лукошками, а в грибной год обтыкал даже их еловыми лапками и клал сверху, для хвастовства и задору соседей, старый белый гриб величиной в мещанскую шапку.

Нельзя было не удивляться его приглядке к тем местам, которые любят его кормильцы, наконец, тому громадному количеству связок белых грибов и масленников, которые продавал он зимой на ближайшей ярмарке и на порядочную выручку существовал до следующего лета. Одни говорили, что он счастлив на этот продукт и сам его ищет, другие — что он знает тайные заговоры и вызывает грибы наружу, третьи говорили, что он ищет гриба по нюху, как собаки дичь, и по ветру ходит на лес и попадает на грибные кучки. Более благоразумные соседи стояли на одном, что лиха беда приглядеться к бору да заприметить попристальнее, какой гриб какое место любит, а там — смотри, да не зевай только.

В тридцать лет прогулок по соседним лесам трудно не узнать их, как свои пять пальцев, но все-таки завидная приноровка Ивана Михеича к грибному делу удивительна и непонятна. Были же в околодке старинные грибовники, но и те всегда отдавали почет нашему старику и являлись к нему на новую новинку, которая всегда сопровождалась некоторыми обрядами, имеющими смысл только там, где все летние занятия состоят исключительно в сборе грибов и продаже их.

Празднование появления новой новинки всегда случалось в избе Ивана Михеича вскоре после того, как проиграют овраги и выступит первая зелень. Он обыкновенно приглашал к себе на закуску трех-четырех человек коротких знакомых, сажал их за стол и отправлялся за переборку, дверь которой всегда плотно притворял за собой.

Гости обыкновенно молчали, самодовольно улыбаясь и поглядывая то на водку, то на заветную дверь, которая вскоре отворялась и в ней являлся тоже весело улыбавшийся хозяин с огромной сковородой, налитой маслом и сметаной. Под этими-то снадобьями и скрывалась виновница сбора гостей — новая новинка или, лучше, первые весенние грибы — сморчки, хорошо вываренные в квасу и поджаренные.

Сковорода торжественно становилась на стол, гости приглашались отведать, и всегда неизбежно начиналось переглядыванье и улыбки, пока сам хозяин не глотал гриба. При этом всегда кто-нибудь из гостей больно теребил хозяина за ухо к несказанному удовольствию и утехе его и приговаривал: "Новую новинку бог послал: пуще теребить, слаще скажется". То же самое повторялось и между остальными гостями, причем хозяин вечно рассказывал о том, что сморчок только и годен как снедь пока не прогремит первый гром. После того в гриб этот, по его мнению, заползает змея и пускает яду, отчего сморчок начинает гнить и пропадает до новой весны. Только три раза в жизни услыхал он гром прежде, чем попробовал новой новинки, и вот с тех-то пор дал он себе зарок всегда праздновать его появление и созывать гостей и никогда не изменял себе.

Точно так же, как первый весенний гриб, Иван Михеич встречал появление и первых летних грибов: волнушек и сыроежек, отваривая их в квасу и обливая сметаной, но не поджаривая. Любил он при этом первым ухватиться за чье-нибудь ухо и весело ухмылялся. Рад был, несказанно рад старик, что, наконец, наступает пора его деятельности трудолюбивой, безупречной, невинной во всех отношениях.

Иван Михеич был старик приветливый, хлебосольный, вечно согласный со всяким, даже нелепым, мнением другого. Приветливо глядело его лицо, хорошо к нему шла и прическа седых волос с висков на темя, гладкое, как ладонь, светлое, как луна в зимнюю морозную ночь.

Но между многими добрыми качествами, снискавшими общее уважение соседей, разумеется, водились за Иваном Михеичем и слабости. Одна из них особенно достойна внимания, как слабость, свойственная столько же одному, сколько и всем записным грибовникам. Тайну своего знания мест Иван Михеич до самой смерти не высказывал никому. Трудно было от него добиться слова об этом и решительно невозможно было уговорить его привести на свои заветные места, да, кажется, и сам он этого не в силах был сделать.

В минуты откровенности, когда у человека в полном смысле слова "душа на ладони и сердце за поясом", старик иногда соблазнялся — рассказывал, что рыжик синий — полевик — любит траву и некоторую влагу, настоящий рыжик — красненький боровик — требует уже не столь густой травы, не нуждается в особенной влаге и сидит в том месте, где луг сменяется кучами сосновых иголок. А здесь уже, по его мнению, изредка селится хитрый белый гриб в соседстве с красноголовым боровиком. Впрочем, оба гриба любят березняк и сосник, тень и некоторую влагу и при этом попадаются не иначе, как в прошлогодней листве.

Впрочем, в этих сообщениях практической сущности было не много: рассказы показывали знание самого знатока, но слушателей знатоками не делали. Старик оставался верен завету хранить приметы и знание в тайне.

— Сыроежки,— прибавлял Иван Михеич в минуту решительной откровенности,— растут без разбору: где успел, тут и сел, только что не забираются сдуру в болота. А масленник такой уж гриб благодатный, что из всех грибов охочий расти. Припрысни только его дождичком легоньким, да солнышка покажи — он тебе все поляны облепит. Выгоняет его и роса по осени — пожалуй, ему и дождей не надо на этот раз. Не люблю за одно: больно марок! А первачки по лету хороши в отваре. Главная причина, если хочешь больше грибов набирать — не спеши, не суйся,— прибавлял Иван Михеич как бы в назидание, но все-таки сохраняя все свое достоинство и ни на волос не изменяя зароку.— Набирай грибы исподволь, не торопясь. Бери пока что есть под рукой, а передние и те, что по бокам растут, не уйдут от тебя. Иной гриб, пока сидишь подле кучки, при тебе только и на свет-то божий выползет, оттого оглядываться не мешает. Там уже глядишь, новички народились, пока ты откапываешь передние — бери их, не чванься. Первачки-грибки — хорошие, хоть и марают руки, а ведь и без того дело не обходится, особенно с маслятами. Зато уж умен белый гриб: тот тебе сам-то по себе и на глаза не покажется — стыдливый гриб! Много-много, если даст повадку да крайком высунется, а то весь в земле и с шляпкой своей. На то и цветом к земле шибко подходит, не всегда отличишь. Жаль одного — червяк его точит, ни за что точит, и досада берет, если снаружи и хорош бы и свеж, а внутри — негодящая гниль! Красноголовые-то, дураки-боровики, те хвастуны: те ведь на весь лес сияние свое производят. Для них закон не писан, их и слепой на сто шагов заприметит. Вылезет один боровик, и ребятишки маленькие подле стоят, только откапывать нужно, оттого что хороши в отваре.

— А вот ты свинарей ухитрись находить, да груздей соленье подавай!— продолжал Иван Михеич, видимо горячась и желая похвастаться.

Слова его похожи были не столько на наставления, сколько на укор и упреки. Он продолжал:

— Листву они любят, в листве осиновой да березовой нарождаются!.. Знаем мы это, слыхали, что в листве и листвой-то этой они накрываются от стыда, от человечьего глазу... Не в игольниках же им расти, в трущобе этой. Знаем, что и расти-то они начинают к осени, когда дожди идут поназойливее и тень держится дольше — все знаем! А поди-ка покажи мне такую листву, так и поедешь, глядишь, к Задорину. А я так и здесь, поблизости найду и посолю на зиму, целых две кадушки посолю, а в Задорино ваше, за двадцать верст, не поеду. Вон есть, пожалуй, поджарый опенок, либо долговязый березовик, тех иную пору возами вози — не изведешь и умаешься. А я так не люблю таких, по мне — либо белый гриб, либо груздь, либо боровик маленький.

Каков был на словах Иван Михеич, таков и на деле. На подобные наставления подчас он был щедр, но ни разу не приводил на свои заветные места: доведет, бывало, до кучки масленников и посоветует обрезать корешки и класть только шляпки, а сам и скроется в чашу бора. Тогда уже никакие ауканья не соблазнят его на отклик до тех пор, пока не кончит торжественно своего дела. Точно таким же образом поступил он однажды со мной.

Местом прогулки назначен был тот бор, который, по мнению Ивана Михеича, был менее прочих обобран, и те полянки, которые находились в самой чаще. Иван Михеич по обыкновению усадил меня подле кучек масленников и немедленно скрылся куда-то в сторону. Грибов после вчерашнего дождика высыпало до такой степени много, что приходилось давить их ногами, и одними мелкими можно было бы набрать полное лукошко, а не добирать ягодами, то есть не прибегать к невинной хитрости, общей всем несведущим в деле грибовникам.

Переползая от одной кучки к другой, я постепенно подвигался вперед и незаметно очутился перед едва проходимой чащей, где все сучья готовы хлестать вас и в лицо и в шею. В надежде поймать в ней Ивана Михеича, сбиравшего грузди, я начал осторожно раздвигать сучья и пробираться на более безопасное место. Сухие прутья трещали под ногами, попадались такие чащи, в которые уже решительно не было никакой возможности проникнуть: нужно было обходить их. Таким образом переходя от небольшой полянки в чащу и из этой в более густую или жиденькую, встречалась неодолимая трудность для ног, представляемая огромными, гнившими колодами толстых дерев: кое-где валялись кучки моху и муравейники, пробегала по колоде ящерица, каркала ворона и чирикал воробей. Вскоре передняя чаща как будто осветилась, лес поредел, оставалось идти наудачу прямо вперед — иначе пришлось бы плутать и раз десять подходить к одному месту. Начался редкий осинник или лучше березняк, где догнивали прошлогодние листья и было совершенно тихо. Только векша[22] прыгала по деревьям, цепляясь за тонкие прутья и покачиваясь на самой верхушке высокого дерева. За осинником начались

---

[22] векша — белка

сплошные колючие кусты можжевельника, и прямо перед глазами открылась большая поляна, окаймленная со всех сторон лесом, переход к которому составляли кусты маленьких елок и можжухи. Такой же точно кустарник вразброску пересекал середину поляны широкой лентой. Кое-где торчали обгорелые пни, а самая поляна представляла вид давнишней новины,[23] которая, может быть, на будущий же год должна будет превратиться в пашню. В некоторых местах даже приступлено было к этому делу, потому что кое-где валились вывороченные с корнями пни и навален свежий дерн. Между пнями занялась трава, до которой не касалась в нынешнее лето коса, потому что трава, общипанная в некоторых местах, была довольно густа в тени. Вправе поляна выгнулась и, как казалось, опускалась вниз; даже можно было различить вдали желтую песчаную окраину и, наконец, заподозрить существование оврага или русла протекавшей тут речки.

---

[23] новина — см. "У черта на куличках" из раздела "Крылатые слова" (с. 395).

ПАСТУХ[24]

На поляне паслась скотина, в некоторых местах лежали коровы, подобрав под себя передние ноги, и, тупо вперив свой взор куда-то вдаль, пережевывали жвачку. Из-за куста прыгнул козел и погнался за трусихой овцой, нырнувшей в ближний кустарник. Свинья хрюкала в луже, вымытой вчерашним дождем; стреноженная лошадь зазвенела бубенцом, привязанным к шее, и сделала несколько скачков вперед. Другая лошадь без видимой причины брыкнула задом и

---

[24] В наших местах специальных пастухов не существует вовсе: скотина пасется на божьей воле и господнем просторе сама по себе. Лесов еще так изобильно-много, что сделать загороди решительно ничего не стоит, а потому загороди кругом пахоты и огородов тянутся на целые десятки верст и ежегодно ремонтируются. К тому же, в угодьях такой простор, что вовсе не трудно отводить под выгоны места подальше от полей и лугов, а выгоняя скотину на пар, все-таки помещают ее в огороженных пространствах. Если случается такой грех, что блудливая скотина проберется в ржаное или яровое поле, тогда оповещают хозяев и дешевым способом, палками и на лошадях, при помощи мальчишек выгоняют скотину, а на пробитое ею место тотчас же кладут заплату. Самых непокорных блудливых животов сами хозяева знают и сами же спешат употребить против их злого нрава домашние первобытные средства на тот случай, чтобы злой человек или заведомый враг не "застал" скотины, т. е. не запер бы ее в свой хлев и не потребовал бы за это денежного выкупа или даже не отрубил бы хвоста. Во избежание этого лошадей обыкновенно треножат, т. е. связывают путами две передние или обе задние ноги, на шею свиней навязывают вилашки — треугольник, чтобы они не могли пролезать в промежутки между изгородью, на коровьи рога, которыми скотина ухитряется иногда поднимать задвижки в воротах, привязывают лукошки и т. п. Последующий случай, как исключение, как явление поразительное и редкостное, осталось в воспоминаниях, почерпнутых во времена уже отжившего свой век крепостного права. Сдача в пастухи, на позорное до смерти в тех местах занятие, составляло тогда одно из часто практиковавшихся тяжких помещичьих наказаний. Собственно пастухи в Костромской губернии появляются лишь там, где истреблены леса, сменившиеся обработанными землями, к тому же сильно перепутанными чересполосным и перекрестным владением. Заиграй пастух в Парфеньтеве, весь посад сбежался бы — слушать, дразнить и хохотать. (Примеч. С. В. Максимова.)

фыркнула. Из лесу слева вышла целая семья свиней, в которой на старших надеты были треугольные вилашки. Навстречу им пронеслось стадо баранов, вероятно, напуганных прежним козлом. И над всей этой простой картиной пылало июльское солнце, способное наложить на лицо густой слой загара и выжать из тела последнюю мочь и силу.

Время подвигалось к полудню. Невыносимая жажда мучила меня. Оставалось спешить наудачу к оврагу, где действительно сочилась речонка, в это время шумевшая, но пересыхающая при продолжительном вёдре, доказательством чему служило множество бочагов, разбросанных поблизости. Некоторые из них осенялись кустами сплошной ветлы, иногда обгорелой, но большей частью красовавшейся своим темно-зеленым цветом. Перед речкой находилась довольно широкая полянка, на которой рассыпались и анютины глазки, и кашка, и кусты репейника, и стебельки отцветавшего зверобоя.

Тишина в овраге была невозмутимая. Лишь внимательно вслушавшись в нее, можно было различить дальнее ширканье косцов, точивших свои косы лопаткой с песком. Издали пронеслось протяжное звонкое "ау" каких-нибудь грибовников, отыскивающих друг друга. Это же "ау" повторилось в другом конце леса и замерло, и опять наступила прежняя тишина. Но при перемене места слышалось только журчание воды, стекавшей вниз и пробившейся между спопутными кучками камней, да с горы пронеслось неприятное и страшное в лесу мычанье коровы.

Напившись воды, я оглянулся кругом и тотчас же заметил подле края речки, у широкого бочага, под густым кустом ветлы распростертую фигуру в синей рубахе. Фигура эта, сколько я мог разглядеть при дальнейшем приближении к ней, принадлежала парню, широкому в плечах, обернувшемуся ко мне спиной и угрюмо смотревшему в небо. Подле него лежала длинная плеть и валялась мохнатая собачонка, вероятно, покоившаяся глубоким сном, потому что не слыхала моего прихода. Не слыхал его и парень, который, опершись на руки, все смотрел в небо и тоже, может быть, спал или находился в полузабытье и дремоте.

Невольно подчинившись его примеру, я совсем бессознательно взглянул также на небо и услышал дальний едва слышный крик журавлей, которые черной вереницей тянулись там. Пискливый крик пролетавшей птицы становился все слышнее и слышнее. Журавли, как кажется, хотели спускаться, потому что уже можно было различить отдельные фигуры и их длинные носы. По всем приметам, это были журавли действительно, а не дикие гуси: они вразлад друг с другом, продолжали гоготать и опускаться.

Парень, как казалось, следивший за ними, мгновенно встрепенулся, отнял руку от головы и обернулся ко мне в то время, когда я уже стоял подле него.

— Жаль, ружья не прихватил с собой!— заговорил он, как будто нехотя, но, тем не менее, смело и прямо обратившись ко мне.— А то бы ссадил одного, вот, ей-богу, одного бы ссадил!

— Разве ты так хорошо стреляешь?—спросил я бессознательно, поощряемый той словоохотливостью и доверием, которыми он поразил меня с первого раза.

— Да уж безинскому Петрухе за мной не угнаться. Для меня этих диких-то уток что ни есть проще сшибить — сразу заныряет, а то что жирафа? так только... долгоногая птица. А подстрелил ее, и начнет ковылять на кривых-то ходулях. Знаешь что?..

— Да ты из каких?— спросил он, быстро изменив тон и пристально уставившись прямо на меня.

Я сказал.

— Так ты что же тут, грибы, что ли, сбираешь — может, заблудился, коли так далеко зашел? Ведь ваши-то места отсюдова, почитай...

Парень замолчал, как бы высчитывая версты, и немало поразил меня, сказав, что до нашего посаду от Вертиловки, до которой наберется гон тридцать, считается двенадцать верст,

— А ты сам из Вертилова, должно быть?

— Вестимо, из Вертилова, там наши господа живут, а я при скотном дворе у них, в пастухах. Вот они теперь стаей, стало быть, летят, да не сядут: вожак-от опять поднимается, знать, нас с тобой завидел,— рассуждал мой пастух, продолжая смотреть вверх и следя взором за журавлями, которые, картинно развернувши дугой свою вереницу, потянулись дальше и выше.

Журавлиный крик делался едва слышен, а вскоре и совсем заглох в этом душном воздухе, который тяжелым свинцовым гнетом навис надо всем окружающим. Вдруг, откуда ни взялся, новый подобный же крик — и перед глазами зачернела новая птица, но уже одна только, жалобно и скоро кричавшая вслед за стаей.

Пастух мой продолжал смотреть в небо и рассуждать вслух, следя за полетом последнего журавля:

— От стаи отстал!.. Не применился! Должно быть, выводок весенний. Этих лихо стрелять: сейчас закружатся. Попрыгает, попрыгает, да и ляжет. Тут его ты и бери. Только берегись:

притворяются часто, и как раз носом глаз выхватит. Раз эдак-то и меня было, как господским детям хотел на потеху в гостинец живым поймать... Постой-ка, постой, никак сядет!..

Пастух вскочил на ноги, схватил свою плеть, толкнул при этом ногой своего мохнатого жучку и опять присел, когда собака залилась звонким лаем и кинулась в гору.

— Напужали!— проговорил он с сожалением, усаживаясь на старом месте.

— Отдыхают они опасливо, словно бы и люди,— заговорил он снова после непродолжительного молчания.— У них в артеле завсегда есть сторож чередной. Коли все прикурнут, стоит он на одной ноге и другую переменяет и не спит, а зачуял что да завопил по-своему, так все и переполошутся. Разбегутся эдак на ходулях-то своих по лугам, да и кверху. Тут в них стреляй знай — не промахнешься...

Он опять замолчал, а я, утомленный донельзя, расположился тут же, рядом с ним в надежде отдохнуть после долгой ходьбы и вполне уверенный, что мой товарищ давно набрал оба лукошка грибов и, бесполезно проискав меня по лесу, сидит себе дома.

Мне оставалось еще одно: отплатить за внимание вниманием, поддержать разговор, и потому я спросил парня о тех удобствах, которые представляет ленивая жизнь и спокойная обязанность пастуха.

— Ничего,— говорил он мне,— ничего, коли сноровку знаешь да попримепился. Корова во всем стаде всех спокойнее. Ей куда велишь — туда и пошла, а то лежит в тени, никого не замает и всегда, помни, на старое место ложится. Напиться захотела — к реке пошла... Ну и овца... тоже смирна, только не пужай, не наскакивай с плетью. Вон и к жучке попривыкли. Только два козла блудливы очень, у, как блудливы!

Парень при этом прищурил глаза и помотал головой: (один-то козел и мне памятен.)

— А все кучера избаловали, да ребятенки господские, особо вот того, черного-то. Зато свинья что ни на есть хуже всех: это, как сказано, свинья, так она и есть свинья полосатая.

На выраженные сомнения я получил такой ответ:

— Теперь начать с того, что свинья во всякую воду без разбору лезет и лежит она в этой воде — только покрякивает. А подыми ее, попробуй; да хоть сто палок обломай — ни за что не поворотишь. Того гляди, еще злость ее возьмет, проклятую, так и уноси бог ноги. Слыхал, чай, как они с волком дерутся?

Получив ответ отрицательный, говорун мой продолжал

разговор, растянувшись на спине и по-прежнему посматривая в небо:

— Я это сам видал, да и от других слыхивал, что коли волк напал на свиное стадо, так ни одной не поживится — не дадут. Вот как бывает и дело это самое...

При этом рассказчик повернулся на бок и оперся на оба локтя. Волосы его свесились на лицо, и вся фигура, при занимательности предстоящего рассказа, представляла что-то особенно серьезное и привлекательное. Свежее, хотя и загорелое лицо, черные волосы, на висках вьющиеся колечками, красивая коротенькая, но круглая бородка, наконец, серьезный вид и какое-то сознание важности рассказа возбудили во мне и интерес, и полное внимание. Я уже окончательно забыл и грибы свои, и Ивана Михеича; мне хотелось слушать и расспрашивать своего нового знакомца, говорить и сидеть с ним даже до тех пор, когда возьмет верх истома и я наклонюсь к траве и засну.

— Вот как бывает и дело это самое,—говорил он.— Ухватил когда волк поросенка, что ли, какого в стаде, да завизжал этот поросенок, то будь свиньи хоть за двои гон — прибегут к волку. Они ни на реки, ни на озера попутные не посмотрят. Отобьют своего детища, да и встанут кучей: поросят собьют в середку, задами да спинами своими вместе сотрутся, и попробуй волк, вырви поросенка! Уж и ходит же он, сердешный, долго ходит, и сбоку-то, слышь, забежит, и прямо кинется, а все, глядишь, назад бежит, да хвостом виляет. Артель все вплотную стоит и на него напирает, поросята визжат посередке, матери свою музыку ведут. Волк только скалит зубы да щелкает, прыгает да щелкает, а в артель не посмеет ударить. До того мучат его свиньи эти, что так и кинет и пойдет к домам. Вот тут-то я одного и свалил пулей. А крепко же и он рассерчал: больно дрягался, как я его домой хотел стащить.

— И всегда отстоят себя свиньи, не дадутся ему?

— Да чего не дадутся!— говорил он мне.— Иные боровья до того свирепеют, что из ватаги ино выскакивают. Клык наострит, слышь, да и метнется за волком вдогонку, отбежит, знаешь, немного, а себя-таки помнит; сейчас и назад и опять задом в артель вотрется. А те все напирают да визготню ведут, все, знаешь, подвигаются. Зато уж и ушел хоть волк, не скоро свиньи разойдутся из кучи. Тут им человек не попадайся — всего изорвут. Значит, и тебя принимают за волка. Лягут они после того в озеро, так ты в трубы труби — не подымешь, пар так и валит, хоть на ночь оставляй, ровно, слышь, в бане были...

Хрюкотня такая пойдет, что коров и овец переполошат, во как!— заключил рассказчик.

— А овца так, я думаю, совсем беззащитна?

— Оно, пожалуй, кому, как не овце, трусливее быть: напужал ты одну, так, глядишь, и все переполошились. Что овца?—продолжал он, как бы рассуждая с собой.— У той и защита против волка одна, что на стену кидаться, словно угорелой. Вон у нас была такая притча в подызбице, лет тому пяток назад. Туда мы на зиму овец застаем, так вошли с братом. Глядим: двух ярок загубил серый... зарезал, словно языком слизнул. Выходило, видишь, окно на улицу, а изба-то наша с краю как раз, подле бань приходилась. Заколотить мы его забыли али бо что? Только волк пролез, знать, туда, да и зарезал... Вдругорядь, думаем, не надуешь: взяли мы с братом да и заколотили окошко-то планками и двери плотно приперли. С братом порешил я так, чтобы мне сесть в подполицу с ружьем, да и дожидаться волка. Раз, смекаем, приходил, вдругорядь захочет. Вот я сижу это в подполице, да только вздумал, что, мол, придет понаведаться, а он как тут и легок на помине. Взвыл, слышь, за оврагом, да опять, да и еще опять взвыл. Может, думаю, товарищей подобрал. Коли не втроем идет, так вдвоем, может быть, как и водится у них завсегда, когда на грабеж подымаются. Может, думаю, и один позарился. Сижу вот я в подызбице и ничего не боюсь. Ружье подле, овцы в кучу сбились, а ночь — хоть глаз коли. Дело это в осенях было. Взвыл мой волк за оврагом, да и замолчал: идет, думаю. Только, слышу, он уж и тут: просунул в окошко лапу, да видит — планками загорожено, пролезть нельзя, грызть нужно, он и грызет... Планки-то не подаются же, однако, на зуб-то даже, сколь ни востер: из дубового полена сделаны были и вколочены плотно-наплотно. Я стал прислушиваться: так стал визжать, пострел, больно шибко принялся за работу. Вон и щепки полетели чуть не в глаза мне, а все он визжит да огрызается. Перестал, слышу. Что-то дальше будет? Гляжу на окно, а он хвост запустил в окно-то, ко мне, значит, да и начал болтать из стороны в сторону. Хитрит, думаю, серый, напужать хочет: пусть-де овцы со страху в двери кинутся, на двор выбегут, а я, мол, на дворе и перережу их. Только что овцы-то на стену бросились, я его и угодил за хвост-то, да и лажу к себе притянуть. Взвопил брата, что здесь-де, мол, сам в руки дался. И притрухнул же мой волк, куды напугался — совсем понатужился, так, братец, всего меня и окатил. Мы его после и добили вдвоем, брат ему всю голову расколотил топором... А то повадились после другие волки собак сманивать со дворов. Так уж мы тут просто всей деревней этих из ружей били. Придут они, слышь, вдвоем и завсегда, помни, вдвоем: один встанет за углом, а другой идет к подворотне. Тоже запустит хвост, да и выманивает. Собака-то побежит за ним, он от нее, а другой волк из-за угла выйдет, да и накроет спереди и сзади: один возьмет за шиворот, другой за хвост, либо ноги в рот захватит и унесет в поле. Там сначала играть с ней начнут, и до того, сказывают, играют, что совсем заморят. Поколелую уж и поедают напоследях и так обчистят, что только одна голова останется да шкура. И шкуру-то начисто обточат, что словно мясник по заказу: сам видал, врать не из чего...

— Медведи, кажется, в нашу сторону не заходят?— спросил я, заинтересованный рассказами, хотя и не хуже его знал, что в наших лесах медведю негде водиться, разве притащится он по пути, да и уйдет обратно в свое место, В дальней окрестности хотя и были леса, но большей частью боры, со всех сторон окруженные жильем и при том же не представлявшие таких чащей, какие любит этот зверь. Пчел у нас также разводят мало, а ставить ульи в лесу — и обыкновения нет.

— Приходил один года три тому назад, коли еще и не больше того, и много натворил беды: одних коров надавил до десятка, мужика изломал из Соснины,— продолжал пастух, отвечая на мой вопрос.— Этот, сказывают, коли заберется в стадо, всех переломает. Чего бы, кажись, лошадь и на ходу бы легка, а не уйдет от него, коли влепит он ей заднюю лапу в спину, да правой унаровит за дерево ухватить. Визжит, ино, слышишь, бедная, а уж он ей и брюхо тем временем вспорет...

— Этот, я думаю, и со свиньей справляется?

Рассказчик улыбнулся, быстро улыбнулся на мой вопрос и продолжал:

— Много свинье нужно, коли тот захочет — ухватил за щетину, вскинул кверху, да и разбил вдребезги об-земь. С дедом этим расправа плохая: с корнями деревья рвет, не то что...

И рассказчик опять усмехнулся в то время, как на горе послышался шум и показалось облако пыли, несущееся прямо к косогору. Какая-то дрожь пробежала по членам, пастух бессознательно ухватился за плеть, и мы уже готовы были видеть перед собой медведя или волка.

Ожидания наши были обмануты; в облаке пыли показались фигуры овец, выбивавших ногами частую дробь, которая глухо отзывалась, отбиваемая сухой землей. За овцами, тоже в пыли, неслась пастухова собака, высоко вздернув мохнатый хвост. Овцы вдруг остановились и столпились в кучу, навострив уши и как бы ожидая, что сейчас раздастся новый крик или лай, и они опять стремглав понесутся на свое место.

Пастух отправился наверх произвесть должный распорядок.

Я остался внизу и слышал, как тот щелкнул несколько раз плетью, как снова пронеслись овцы, облаками вздымая пыль, и как опять сделалось тихо, так тихо, что у меня смежились глаза и я заснул. Долго ли спал — не помню, но проснулся, разбуженный глупой коровой, которая рассудила фыркнуть мне в лицо на пути своем к водопою.

Пастух мой шел от реки прямо ко мне. Волосы его были мокры, с бороды капала вода; видно было, что и сам он сейчас из воды.

— Не хошь ли и ты искупаться? Вот мой бочажок приговоренный — лихо можно. А и не глубок — только по шею, на дне чисто. Сучья повытаскал сам, одни камни остались. Тут, коли хошь, и поглубже есть один, да вода не проточная: волосатиков, поди, много. Вопьется, сказывают, в ногу, никоими силами не выживешь, разве отрывать начнешь. А кости, слышь, скулят от него — и места не найдешь. Все от конского волосу, говорили, нарождается. А шевелится, словно бы и пьявица какая!

Таким рассуждением сопровождал он меня на пути к бочагу, над которым нависли целые кусты ветлы и откуда неслась особенно заманчивая прохлада.

Поместившись через час под тем же кустом, под которым и прежде сидели, мы молчали некоторое время, пока пастух мой ласкал свою собачонку.

В это время на противоположном краю оврага из желтевшейся ржи выставилась белая фигура девушки лет пятнадцати, у которой в руках было что-то тяжелое, завернутое в тряпицу и завязанное. Девушка подходила уже к нам, но, завидев незнакомое лицо, остановилась на минуту и потупилась. Пастух махнул рукой и, обращаясь ко мне, проговорил:

— Племянница!.. Старшего брата дочка, сиротой осталась. Ульяной зовут... Иди сюда скорее, не тронут. Обед, что ли, принесла? — спросил он девушку, когда та, все еще не поднимая глаз, остановилась перед нами. На ней надета была длинная рубаха, коса заплетена и висела вдоль спины. Видно было, что она была все утро на покосе, загорелое лицо подсказывало о том же.

Робко зазвучал ее голосок; девушка говорила:

— Сегодня, дяденька, только одни щи варили, да вот

молока прислала баушка. Крынку велела назад принести, когда опростаешь...

— А на-ка вот тебе гостинку, Уля: даве смастерил на безделья, на вот!.. Годится ходить по ягоды.

Дядя отдал девушке красивенькую плетенку, свитую из ивяных прутьев, с крышечкой, плотно приделанной с одного боку.

— Крышку-то я сниму, дядя,— проговорила девушка,— а то мешать только будет.

— Как знаешь сама, твое дело. Да вон прихвати и братенку своему, Матюшке, дудку. Только бы рукой не хватался за дырочку эту да языком прихватывал — во как!..

Пастух громко высвистывал свою известную всем песню, посадил девушку подле себя и погладил по голове.

— Изо всей семьи что ни на есть лучше, — продолжал он, обращаясь ко мне. — И куды ласкова! Сам, почитай, один вынянчил, зато и люблю пуще всех ее вот да Матюшку — младшего ее братишку. Я ей и жениха стану отыскивать... сам. Хошь жениха, Уля?

— Рано еще, дядя! Баушка говорит: еще два года нужно погодить. Тогда уж, говорит.

Девушка взглянула на меня, покраснела и еще больше потупилась. Это, как казалось, понравилось дяде, потому что он, погладив ее по голове, крепко поцеловал в темя и принялся за обед, пригласив и меня не погнушаться, отведать хлеба-соли.

— Сам-то ты разве не женат? А ведь пора бы, кажется!— спросил я его по уходе девушки.

Парень крепко задумался и заговорил про себя, тяжело вздохнув и как бы желая умерить свою болтливость и излишнюю откровенность.

— Бабы говорят: скоро третий год на второй десяток пойдет, как бы, кажись, не пора? Уж и так семья серчает. Ты, говорят, в тягле лишной. Вон, говорят, у брата уже дети большие, а ты совсем бобыль, как перст одинокий. Вестимо бобыль, сами знаем, хоть и отец и мать живы, и брат родной... Ну да что брат? Один брат был, да и тот сплыл, хоть и двоюродным он мне доводился. Ну что ж что не женат? Хотел было, сами знаете, да, вишь, пень словно какой подвернулся, и не сталось по-моему. Одну девку три брата разом полюбили и не сказывали. А у ней только к Петрухе одному и лежало сердце. Меня, вишь, она за брата почитала, сама сказывала. И померла... ну и господь с ней... ладно она это сделала.

Всю эту речь пастух говорил едва слышно, опустивши голову и перевивая плеть на коротеньком кнутовище. Как будто ему совестно было поднять голову и своим бойким, умным взглядом окинуть любопытного расспросчика. Долго он сидел в таком положении, по временам покачивая головой и передергивая плечами.

— Да ты поди знаешь Петруху-то нашего?— спросил он, быстро приподняв голову и взглянув на меня.— Он у нас тут частенько бывал в посаде с проезжающими: отец мой лет пяток тому назад держал извоз, а Петрован-от и ездил ямщиной. Три лошади держали... Красивой такой парень был, лицо краснощекое еще такое — чай, знаешь?

Получив отрицательный ответ, пастух опять спустил голову и задумался.

— Что же он — брат тебе был?

— Брат-то брат был, да не родной. После покойного дяди отец в нашу семью привел, с тех вот пор и стал он словно родной, особо мне-то... Брат Васюха невзлюбил его и сомустил у нас всех, только один я не послушал...

— За что же?

— Да вишь, девка у нас Матрена была, и славная девка, голосистая, гладкая, смиренница такая, что слова даром не промолвит. И полюбились они с Петрованом-то: любятся и никому не сказывают. Только меня одного и ласкает девка, братом называет, а все, должно быть, Петруха нахвалил. Ласкает это она меня и гостинцев носит: то черники сушеной, то каленых орехов, не сказывай только, говорит, брату своему Василию. "Что мне сказывать?— говорю.— Ведь и Петруха тоже брат!"

Так вот и любились они целое лето и осень. Слышу — наши бабы об этом проведали, стали толковать, что никак-де Петр Матрену за себя засватать хочет, ожениться надумал. Я к ним. "Да!— говорят.— Только, слышь, филиповки пройдут, да святки, и пойдем к дяде с поклоном". Как услышал я это, так у меня у сердца словно оторвалось что — так и ошибло. И не то, чтоб я любил ее, что ли, а все же, думаю, гостинцами кормит, братом зовет, целуемся ину пору... Промолчал я, однако, никому про то не сказал: ни отцу, ни невестке, ни брату — никому в семье. Подошли у нас на ту пору супрядки осенние, стали свадьбы налаживаться. Слышу: брат Василий ребят сомущает: "Побьем да побьем Петруху, я за все отвечаю, не бойтесь. Пусть-де, слышь, к моей суженой не суется!" Я опять промолчал. Да слышу, Васюха все одно да одно гвоздит ребятам нашим. Те уже и сговорились с ним, и место в банях наметили. Я и скажи Петрухе-то. "Ладно,— говорит,— нишкни до время!" А там возьми да и подошли ко мне Матрену с пряниками да поцелуями. "Приходи,— говорит,— тогда за бани, да и дожидайся меня за нашим овином!" Пришел я туды, а ему на ту пору из Соснина привелось идти, пошевни у земского ходил просить. Вижу: выскочил брат Василий да и сгреб его, откуда ни возьмись и наши ребята. Не олух же был и Петруха: за ним чуть ли не все соснинские пришли. Начали драться. Слышу: вопит брат Васюха. "Не стану,— говорит,— другу-недругу закажу, не трону твоей Матрешки, любитесь вволю!.. Отстань только, не души!" Стою я так за овином, к углу припал ни жив, ни мертв. Слышу, Петруха меня кличет. Да я не пошел — побоялся... или так что-то... А соснинские ребята наших лихо вздули! Да и брату Василию досталось: синяки по всему лицу были. Отцу сказал, что на супрядках с полатей упал. Так и прошло!..

Рассказчик улыбнулся и, как казалось, припоминал всю смешную обстановку давнишней свалки. По всему было видно, что радовался он за своего двоюродного брата-победителя, держал его сторону.

— Что же дальше было?— спросил я его.

— А уж дальше-то больно плохо было...

И он глубоко вздохнул.

— Васюха-брат стал баб подмывать, а те сдуру отца сомустили, а как пришел Петрован-от к отцу, начал говорить, что вот-де невесту нашел, благослови!.. "Чем,— говорит,— благословлю, откуда деньги? Брат вот только шубенку оставил да буренку яловую. Эта девка и Василию либо Ванюшке годится. Мне,— говорит отец-от наш,— хозяйка к дому нужна, а ты сегодня здесь, а утре и с собаками тебя не сыщешь. Любись с другой какой, а эта не по твоему рылу. Слышишь,— говорит,— завтра в город ступай, седоков присматривай, да и в дорогу. О себе оставь думать, сам завтра сватать иду, а тебе не видать ее, как своего уха". Тем было и порешил отец, да уперлась сама девка. Больно, вишь, любила Петруху, ни за меня, ни за брата не хотела идти. Господь, думаю, с ней! Ничем я ее не обидел! Пускай гнушается! Пришел я только к отцу да сказал ему, что я, мол, чужому счастью не завистник, не нужно мне Матрены, не стану заедать ее век девичий. И не сватай, говорю, лучше. Отец посмотрел эдак на меня, обругал да из избы выгнал. После не говорил он со мной неделю, словом не приголубил...

— Что же сталось с Матреной?— спросил я опять призамолкшего рассказчика.

— Что с Матреной? Знамо, неповадная была девка — как уперлась на свое, так с тем и отъехали все. Нейду, говорит, да и все! Либо Петруху, слышь, либо никого. Тут как на зло лихоманка за ней увязалась и начала ее ломать да сушить. "Ступай,— говорят,— в баню, скорей пройдет!.." — "Нет, и так, слышь, пройдет!" — и на улицу вышла. Тут с Петрухой встренулась, и тот ее стал уговаривать. Плачет только Матрена, а никого не слушает и в баню нейдет. Кореньев каких-то напарили ей в горшке, и тех в рот не брала. "С души,— говорит,— тянет! Горько больно, лучше так перемогусь!" Перемогусь, перемогусь, да на том и села: свалило ее на печь да и начало гнуть. Кричит, бывало, на всю избу и никого не допускает. "Укушу,— говорит,— не замайте... Укусила бы,— говорит,— Василия Корепина!" И брата Петруху вспомянет, меня закричит да и заревет. Начнет это причитывать словно по покойнике. Эдак-то ровно трое суток мы в переменку с Петрухой просидели у ней. А на четвертые отец Петруху услал в город, а меня засадил в избу. "Полно,— говорит,— с бабами возжаться, шалопай ты эдакой! Твое ли это дело! Посмотри ты на себя!.." Слышу поутру: пришла наша невестка, да и говорит, что Матрена-то после третьих петухов побывшилась — поминала Петруху да меня, опять на брата Василия грозилась. Отец пожалел: "Первая, слышь, девка так помирала, никто себе ворогом,— говорил,— не бывает!" Сам оболокся, мне велел и брату и повел нас за собой. Смотрим: обмыта лежит, лица и не знать стало — все искалечено. На другой день Петрован вернулся из дороги да и взвыл, как узнал о Матрене, больно же взвыл!..

У рассказчика навернулись слезы. Вероятно, желая поправиться, он толкнул своего жучку ногой, поднялся с земли и отвернулся на ветер, который начало наносить прямо на нас.

Неловко было просить его продолжать интересный разговор, и я счел за лучшее, дав ему успокоиться, привести к тому окольным путем. Лучше всего, подумал я, спросить его о том, каким образом попал он в пастухи. Мне казалось, что и это обстоятельство имело некоторую связь с предыдущим.

Как бы не вслушавшись в мой вопрос и увлеченный своим рассказом, он продолжал его каким-то вялым, несколько дрожащим голосом, из чего, однако, можно было заключить, что он все-таки рассказывал охотно, без всякого принуждения со своей стороны.

— В осенях это было, о чем рассказывать стану, только что заморозки пошли у нас. После Матрениной-то смерти ровнехонько бы через год. Сидим мы эдак в избе, отец с бабами на овине рожь домолачивал. Васюха шлею конопатил, а Петра не было дома, опять в извоз услали. Я у светца с Матюшкой-племянником самострелы из лучины делал. Вот и сидим мы эдак одни-одинехоньки. Бабушка на печи храпит. Васюха-брат, как теперь знать да помнить, песню на ту пору мурлыкал, а Матюшка махонькой нет-нет да и загогочет: либо, вишь, что лучинка-то из рук прыгает. Я ему, знаешь, опять самострел в руки дал и опять лучинку вложил, да и поджог с правого-то конца. Только бы лучине-то этой загореться, а Васюха перестал песни да и окликнул: "Никак, знать, тот-от... одмен-от наш вернулся, слышь, воротами заскрипел!.." И опять замурлыкал песню и дратву зубом ухватил.

Что ж, думаю, пусть его! Да и опять новый самострел Матюшке сделал. Заливается мой парнишка так, что и мне ино любо стало. Тем временем и Петруха в двери. Гляжу, лица на нем нет, весь бледный, совсем пьян — шатается. "Где,— говорит,— дядя?" — и глазами своими масляными вскинул на меня. "На овине,— Говорю,— рожь домолачивает..." — "То-то, слышь, рожь домолачивает, чтоб опосля,— говорит,— мне куском своим оржаным, в глаза корить... знаю",— говорит.

Снял эдак Петруха шубу и сел за стол, схватил шапку с головы, да и кинул супротив себя. "Вот теперича,— говорит,— есть хочу, больно есть хочу, груздей бы соленых поел с квасом. Да нет, слышь, не хочу я есть, ни за что не стану... Чебоксарский купец десять рублев сулил помесячно... и одежа его, и с одного с ним стола харчи идут..." Петруха, смотрю, и голову опустил на грудь, так что и бороды его курчавой не стало знать. Упер он эдак руки-то в колена и голову опять вздынул. Встряхнул волосами да и замолчал... Пусть, думаю, покуражится маленько... "Вот,— говорит,— братьев у меня двое... то бишь один,— говорит,— брат — Ванюха". И рукой на меня показал. Что, думаю, дальше скажет? "Вместе,— говорит,— пьем, вместе по соседкам ходим... Люблю,— говорит,— Ванюху... А тут тебя, слышь, корят ни зря ни походя день-то деньской... И бабы мусолят, да и дядя: "Ляд,— говорит,— с тобой, коли пьешь!" А нешто на твои пью?.. Господа приезжающие дают на водку — так и пью... Попросил на армяк — у тебя старый, слышь, хорош; кушак дай — Васюхе годится. Вот жисть-то она!.. Вот!.. "Не давайте, слышь, бабы, новых рубах ему, в старых нащеголяется, а эти и Василию годятся". Петруха, помню, опять головой тряхнул и прошел по избе. "Дай,— говорит,— Ваня, обух!.. Дай топор!.. Дядю, слышь, подай!" Тут уж я подошел к нему прямо да и ухватился за руки, вижу — совсем его дурость какая-то одолела. "Отстань,— говорю,— не ругайся!" — "Ваня, слышь, не бранись, не сердись на меня!.. Хоть ты-то!.." Да так, помню, болезненно молвил он это, что у меня и руки опустились и кровь на сердце кинулась.

Матюшка-племянник ревет и самострел кинул. "Тебя,— говорит,— что ни на есть люблю пуще всех. Не замай меня!.."

Я опять ухватился за руки: "Мол, оставь дурости! Не ругайся!"

— Где, слышь, дядя?— гудет мой парень, словно вон бык на пастве.— Дядю,— говорит,— позови! Уйду, да и не приду больше, а дядю позови! Отдам ему вот эти десять рублев, да и все тут, пусть не корит!

Десять рублев, помню, из-за голенища вытащил Петруха да и кинул на стол.

Взял я эти деньги, засунул за тябло и опять уцепился за Петруху. Уйму, думаю, его пока до время, а отец придет на ту притчу, ничего не выйдет путного.

— Не ломайся,— говорю.— Оставь эти дурости свои. Коли зла хочешь, на вот, бей меня, бей!..

На ту пору и рожу ему подставил и руки навел.

— Нет, слышь, не трону тебя, Ваня!.. А оттого, что люблю, пуще всех люблю... во как!

И обнял он меня, шибко обнял, нали — крякнул. Да опять за свое.

— Дядя,— говорит,— где, где он?

— В овине,— говорю,— последние суслоны обмолачивают, что от вечерних остались.

— Туды,— кричит,— пойду, туды!..

А сам ногами брыкает, словно баран шальной. Брат Василий сидит в углу по-давнишнему и все ухмыляется да бороду обгрызает... все ухмыляется...

Я ухватился за Петруху, оттолкнул его от дверей, на пол свалил да и сел на грудь.

— Оставь,— кричит,— тебя не трону. Васюху, слышь, только дай, да дядю, да невесток дай!

А на эту-то притчу, как назло, и отец в двери, да прямо к Петрухе и лезет в глаза.

— Что,— говорит,— опять нализался? Опять, поди, на водку дали?

Петруха мой вскинулся с полу да и встал эдак к печке — руки заложил назад, потупился.

Отец смотрит на него во все глаза и ровно бы шибко сердится.

— Нализался?— кричит.— На водку дали? Обрадовался даровщине и все пропил, с горя, поди,— дядя обирает?..

— Да!— говорит Петруха и качается.— Пропил!.. Все пропил!.. Вон только десять рублев осталось, а двенадцать дали — все, все пропил!..

И глаза прищурил и опять головой встряхнул. Гляжу — облизнулся, руками замахал. "Эх, думай, пьян ты, Петруха. Лучше бы было, кабы не грубил отцу". А он тут тебе опять, словно назло, рожон вострый в горло.

— Купец проезжающий в работники нанял, десять рублев задатку дал. Песни, вишь, ему мои да приговоры пондравились. Что ж? Я пойду. Сам свой разум теперь имею, никого не хочу знать. Сам себе голова!.. Только,— говорит,— одного Ваню жаль, а то ничего!..

И опять на меня рукой показал. Я на ту пору на отца глаза вскинул, вижу — покраснел старик, словно мак рдяный, да как крикнет, да топнет:

— Вон,— кричит,— на печь! На полати! Под лавку! Спать!— кричит.— Пьяный, чихирник! У братьев невест отбивать надумал, дармоед эдакой!.. Деньги прогонные все лето прогуливал, с целовальниками подорожными спознался. Матрешку заморил! Ванюшку сомущаешь! Меня обижать стал!

И начал эдак усчитывать и вины насчитывал много и, помню, рекрутчиной пригрозил.

— Как пьян, так и атаман, а проспится — свиньи боится. Вяжи его, дуры бабы, да и спать укладывай, крепче вяжи, вот так. Бери, Васька, веревку да крути руки назад, крепче,— кричит,— крепче!.. А ты, болван, что рот разинул, что не подсобляешь? Держи ему ноги! Что он дрягается!.. ты!.. Ванюшка!...

Да как ляпнет меня ни с того ни с сего. Тут уж и совсем опустились у меня руки и света божьего не видал я. Лежу и землю не чую. Помню только — в избе темно, зыбка скрипит, отец на печи храпит... Петруха на полатях храпит, бабы за переборкой... Так я и не спал до утра.

Рассказчик мой замолчал и с трудом перевел дух, как бы утомленный наплывом тяжелых воспоминаний и текучестью оживленных подробностей события. Солнце клонилось к закату. От реки понеслась продолжительная прохлада, столь редкая и, следовательно, драгоценная в жаркие июльские дни. Мимо нас проплелась на водопой корова и проскакала стреноженная лошадь с жеребенком. Окрестность была попрежнему тиха, но эта тишина сделалась еще приятнее и привлекательнее. В это же время молчал мой собеседник.

Едва-едва собрался он с духом и только на мой вызов решился рассказать остальное.

— Так-то вот сталось,— заговорил он с тяжелым вздохом,— что Петруха от нас ушел к купцу в Чебоксары, да в два лета хоть бы одну грамотку прислал о себе. Только мне раза никак два наказывал поклон с ходебщиками. Сказывали те, что Петруха там у купца товары возит по ярмаркам, три, слышь, лошади на руках имеет. Звал, было, меня к себе, да отец не пустил.

— Я тебе,— говорит,— последние звенья в костях вышибу! С чихирником непутным спознался — сам таким стал... Собирайсь!— говорит.

Оболокся я. Из избы вышли. Гляжу: прямо на барский двор ведет меня тятька. Помню: выходит барин в халате. Старый уж у нас барин был. Вышел и табаку из серебряной табакерки понюхал — мы ему оба в пояс, и еще, и еще. Поклонились.

— Что,— говорит,— вам нужно?

— К твоей милости,— говорит отец,— не обидь, яви милость! Парень совсем от рук отбился, работать на семью не хочет, за Казань просится.

— Хорошо,— говорит,— что ж тебе нужно?

— Не возьмешь ли,— говорит отец,— на скотный двор скотину пасти?— да и чебурахнулся в ноги. Я тоже пал. Взглянул на меня барин. А добрый он был, всех уважал, какая бы ни была твоя просьба.

— Я,— говорит отец,— и оброчное, и государево за него платить буду, яви милость!

— Хорошо,— говорит.— Я прикажу управляющему.

Мы опять ему в ноги, да вот с этих самых пор как лето, так и иду к скотнице принимать животы. Да шесть десятков голов на руках у меня. Я, стало быть, отвечаю за них. Вот третеводни корова поколела, так пытал меня управляющий мылить: "Ты,— говорит,— чего смотришь? Разве не твое это, слышь, дело?" Мое-то мое, вестимо, мое, да поди ты, вот тут свалило корову в канаву, да так и затянулась, замоталась. Это не то что свинья — ту, коли не заколешь, сама не свалится скоро.

Овцы тоже маленько привередливы, нападает на них мокрец, что ли, такой, совсем из сил выбиваются, крутит их из стороны в сторону, просто-напросто вьюном вьют. Так и замотается, а там, глядишь, и другая почала. Да раз этак-то позапрошлым летом никак десятка два ярок поколело. Навязали было мне тогда гусей стеречи, ну и ничего, смирная птица — сядут этак на озеро и сторожа посередь себя посадят. Этот не спит, гусенят стережет, на заре просыпаются и кричат всей артелью. Теперь за ними скотница Паранька приставлена. А мне за всем не в усмотр было — сам отказался.

— Что же ты по зимам делаешь?—спросил я его.

— Вестимо, по дому работаю. Что дадут, то и делаю, ни от чего не отказываюсь. Теперь и отец словно бы не серчает. Иной раз кушак новый купит, рукава новые к полушубку прошлой зимой сделал, про невест толковал, да я не хочу...

— Отчего же? Давно пора!

— Нет, так, не хочу!.. Без меня много. А то опять, глядишь, чужой век заедать станешь, не хочу! После Матрешки боюсь, ну их!.. Да пора никак и скотину отгонять в кучу, напоить, да и в хлев придут заставать,— проговорил пастух, взглянув на небо, которое как будто заволокло туманом; солнце скрылось за оврагом, и только виден был его красноватый отблеск на верхушках дерев знакомого уже мне бора.

Я поднялся с ним на гору. Пастух начал сгонять коров, оставляя лошадей и овец на ночлег, вероятно и сам предполагая остаться здесь же, чему неопровергаемым доказательством служил шалаш, сделанный из осиновых и березовых сучьев и примкнутый к оврагу.

Вскоре явилась сама скотница и угнала коров. Я стал прощаться с пастухом и расспросил о дороге.

— Иди на Печениково,— говорил он мне,— а там по болоту ступай на Свателово, да смотри, легонько. Гать-то у них положена, только стара больно, вертячих песков много по сторонам, чертовы воронки попадаются, совсем засосет. А не то, коли не хочешь — бери на кирпичные заводы, вот все прямо на свателовские горошища. Тут тебе и посад свой, знать, приведется, как пройдешь мимо оврагу вашего. Ступай вот пока перелеском направо,— говорил он мне, указывая на то место, в которое мне нужно было углубиться.

На полпути к нему он остановил меня криком:

— Слышь-ко!.. В Ильин день у нас в Вертиловке праздник, заходи пивка напиться — лихо будет, хороводы заводят. Угощение не хуже вашего посадского идет. Отпрошусь — отпустят. Приходи, право, упоштую во как!..

НИЖЕГОРОДСКАЯ ЯРМАРКА

Нижегородская ярмарка в полном разгаре. На двух башнях китайской архитектуры, обращенных к Оке и выстроенных на ее берегу, выкинуто два флага; в гостином дворе нет ни одного пустого номера. Все они наполнились произведениями всевозможных русских городов; здесь и кяхтинские чаи и сибирское железо; московские и ивановские сукна и ситцы; ярославские, кинешемские и вятские полотна; романовские и слободские овчины; казанские козлы и другая кожа; торжковские шитые сапожки, башмаки, и туфли; кимвровские и московские сапоги всех сортов и достоинств; орловские, тульские и другие яблоки и вязниковские вишни; киевские варенья и сушеные фрукты; петербургский сахар; железные сундуки и подносы на азиатский вкус и бухарскую руку; тульские стальные изделия и самовары; углицкое копченое мясо; крымские и кизлярские вина, имеющие потом превратиться в иностранные, преимущественно французские; польские сукна; сибирские и камчатские пушные звери галицкой и московской выделки; уральская икра; оренбургские и донские балыки; астраханская и пермская соль; подгородные крестьянские изделия и мосальские хрусталь и фарфоровая посуда; нежинский листовый табак и корешки; и чудного рисунка ковры фабрики князя Енгалычева; и прочее, и прочее, и прочее.

По дорогам, идущим к Нижнему, реже тянутся обозы, застилавшие прежде весь путь и мешавшие проезду тарантасов с хозяевами. Все эти обозы направляются в Нижний и редко назад.

За Окой, на огромной песчаной косе, обрамленной с другой стороны желтыми водами Волги, выстроился новый город, решительно не имеющий нужды и ничего общего с тем, который чудною панорамою раскинулся на горах противоположного берега. В этом городе все свое, начиная от собора, армянской церкви и мечети до местопребывания губернатора, почтовой и ярмарочной контор и оканчивая возможными удобствами обыденной жизни. Самый Нижний на время переселился сюда, призакрывши свой гостиный двор и ежедневно отправляя за Оку чуть ли не половину своего населения. И хотя кратковременна жизнь этого нового и временного города, уничтожаемого волнами бурливой реки во время весеннего разлива, но тем не менее жизнь эта своеобразна и полна интереса. Вся Россия собралась сюда, чтобы положить свою долю влияния. Трудно, даже кажется и невозможно, представить себе хоть один самый дальний уголок нашего обширного отечества, который не прислал бы сюда своего представителя.

Мост, соединяющий город с ярмаркою, давно уже наведен и во всю длину его, на целую версту, расставлены оренбургские казаки, обязанные криком "легче!" останавливать и ретивый бег пары лошадей приезжего собственника и легонькую побежку с перебоем лошаденки извозчика: нижегородского, костромского, владимирского на пролетках непременно на лежачих рессорах и заезжего казанца на своей оригинальной долгушке. Положим, что мы уже на середине моста; поспешим обернуться назад и полюбоваться чудным видом Нижнего Новгорода, который уступит в этом отношении только Киеву, но превосходит все города России.

Город весь раскинулся на высоких горах. Далеко от нас влево, за самую высокую гору цепляется зубчатая стена древнего кремля, помнящего доблестный подвиг Кузьмы Минина. Ближе к ярмарке широкой змеей вьется длинный подъем в город; еще правее прилепились к горе старинные церкви и здания старинного мужского монастыря; несколько выше прикреплены полуразрушенные деревянные домики бедных обывателей, разделенные густою зеленью садов, которые далеко отошли от домов их владельцев. Дальше и выше за горою весь Нижний со своими оригинальными домами, стены которых большею частью выкрашены красною под кирпич краскою; но самого города уже не видать с мосту, и только часть его "Нижний-Базар", имеющий большое отношение к ярмарке, составляет красивую, сплошь каменную набережную Оки, над которою высится Строгановская, необыкновенно красивая и оригинальная церковь на каменной, довольно высокой насыпи. Обернемся направо, и целый сплошной ряд мачт судов со всяким товаром бросается в глаза, мешая проникнуть дальше. Кажется, все суда Волги и Оки, все эти расшивы, барки, кладные, шитики, завозни, струги, гурянки, сурские межеумки, суновки, соминки собрались сюда, чтобы запрудить устье и всю Волгу направо и налево от города и щегольнуть разнохарактерными пестрыми флагами с изображением целых картин в роде похищения Прозерпины, прогулки Нептуна с огромною свитою Нереид и Тритонов или ловли кита, бросающего огромный столб воды в лодку зверопромышленников. Тут вас прежде всего поражает пестрота, безвкусие и безграмотность в надписях; самые суда от верху до низу размалеваны всеми цветами радуги и, кажется, в этой пестроте спорят друг перед другом. Оглянемся налево: широкая, глубокая, черная бездна Оки потянулась вдаль в своих крутых берегах. Кое-где мелькают по ней лодки, перевозящие пешеходов и управляемые русскими мужиками в оригинальных шляпах трешневиком. Не увидим только дощеников, до последнего нельзя заставленных лошадьми и экипажами и всегда управляемых татарами в белых круглых валяных шляпах. Наместо их перекинулся мост и перевел их трудовую, тяжелую, ломовую деятельность на Волгу, с другой стороны города Нижнего.

Между тем мы подвигаемся дальше вперед, ближе к самой ярмарке; мост как будто кончился, то есть уже не видно под ним черной Оки, которую сменили пески, расстилающиеся под ногами, направо и налево застроенные амбарами для склада хлеба и лесу, постоялыми дворами для извозчиков или так называемым "кругом" и теми пекарнями, которые снабжают всю ярмарку ржаным хлебом. По количеству этого хлеба, как известно, определяется приблизительное число ярмарочных посетителей. Направо пестреют раскрашенные садки для рыбы. Здесь любители лакомятся настоящей неподдельной и диковинной стерляжьей ухой.

Толкотню на мосту встречающихся экипажей сменяет новая толкотня, не менее затрудняющая проход и проезд. Толпятся огромные кучи мужиков, оборванных, с изнуренными, страшно загорелыми лицами. Всмотримся в них и увидим следы трудовой, ломовой работы; прислушаемся к разговорам и подивимся разнообразию выговора. Вот один приземистый мужичок, в рваном армяке, подошел к толпе земляков, поместившихся кучей у перил моста. Он показывает гармонику, которую берет один из товарищей и начинает наигрывать комаринскую, но, видимо, недоволен игрой. Он несколько времени вертит инструмент в руках, остальные ребята оскалили зубы.

— Да тут, земляк, один клапан никак совсем порешился, да и из-под донушка-то дух идет. Поди невесть что дал,— проговорил игрок тем певучим наречием, так характеризующим костромича, страшного охотника окать.

Замечание игрока принято за остроту и встречено довольно громким смехом, который обратил на себявнимание окружавших. Инструмент с изъянцем подвергается исследованию; проходившие без дела праздные люди останавливаются и нетерпеливо желают знать — о чем тут судачит народ. Из толпы сыплются советы и остроты вроде тех, которыми готов угостить русский человек своего брата в минуту неустойки и неудачи, особенно если они сопровождаются комическою обстановкою. Один советует снести инструмент в кузницу; другой хочет купить да просит прибавки — гривенник на шкалик; третий забыл захватить денег; у четвертого карман с дырой. Все эти замечания встречаются смехом и новыми остротами:

— Да ты бы, земляк, лучше сапожишки купил, а не то бы шапку какую: а то, гляди, эта и воронам на гнездо не годится.

— Ну да и вам, ребяты, не укупить мне новой: бегунцов-то за спиной, поди, тоже больше, чем в кармане денег.

— Небось под бечевой-то в таких сапогах по музыке пойдешь; оно, гляди, и с ноги не собьешься,— и тому подобное.

В справедливости этих замечаний никто из остряков не сомневается, но прислушайтесь к говору, и вас поразит его разнохарактерность, начиная от низового выговора с оригинальным падением на мягкие буквы до лесного, где грубое "о" нередко превращается в еще более грубое "у".

Здесь, на мосту, мы решительно можем прислушаться ко всем наречиям и встретить их представителей: тут и родимый ростовец и чистобай тверяк, который подчас дзекнет не хуже своих соседей-белорусов, в лице какого-нибудь зубцовского купча-молодча или бежечанина, которого рици цисци в свете нету.

Сколько есть у Волги притоков, столько и губерний всей внутренней России, столько же и разнообразия в представителях этих губерний на ярмарочных толкунах и площадках; а таких только губерний мы свободно можем насчитать 21 с двенадцатью инородческими соседями, которые и портили, и изменяли родной язык великороссов. Не диво было прежде, если прогонят через мост целый гурт быков мужики в измаранных дегтем рубашках, которые, сгоняя непослушных длинною палкою в кучу, кричали на чистом малороссийском наречии и в созерцательном молчании шли за ними следом, словно развинченные, вперевалку, и ни на что не обращая внимания. Теперь этого стало не видно с тех пор, как чугунки стали ломать наружный вид и внутреннее достоинство и свойства древней Макарьевской ярмарки.

Толпа кинулась к чему-то белому и массивному, двигающемуся от ярмарки по направлению к городу, и, вскоре окружив верблюда, (...) провожала его за мост. Все эти кучки (...) людей, по-видимому праздных, но на самом деле только временно праздных,— бурлаки, пришедшие наниматься в нынешний год уже на вторую путину. Завтра же, может быть, они по зову урядчика и найму хозяев судов, которым всегда нужен и дорог работник, накинут на плечи лямку и тяжелым, перевалистым шагом побредут по луговой стороне матушки-Волги в предшествии вечного своего шишки — человека более других изможденного, но более других знающего местность. Запоют они свои заветные песни, которые так хороши на Волге и так богаты содержанием. Только бы с ноги не сбиваться да подхватывать враз, а за словами у них не стоит дело. Там придут они на заветный бугорок, где-нибудь на Телячьем броду, достанут из чередового мешочка горсточек пяток крупицы да вольют в котелок ведерко воды кормилицы-Волги — и сыт бурлак — трудовой человек и опять он ломает свою путину все дальше и дальше, все туже и туже. Не страшат его беды незнаемые, лихорадка и самая немощь от усилия в труде и упорства в лишениях: тем же настойчивым шагом подвигается он и при конце путины, каким шел в начале. Недоволен он только грязью после дождей да ветром противным. Пожалуй, он и без особенного удовольствия переезжает на судно, когда того требует местность и особая непогодь. Ему бы только кончить скорее путину да добиться до честного и безотлагательного расчета, а за себя он не стоит.

— Легка беда две путины сломать, а на третью, глядишь, и сам назовешься. А что и об доме-то тоску разводить. Вестимое дело, как у бар, так и у нашего брата одно выходит: как не видишь своих, так и тошно по них, а увидишь своих, да много худых, так лучше без них. Давай бог толкового шишку, да тороватого хозяина, да спопутную погодку, хоть бы и парусила она, да только дождей бы не давала. А что там болести разные да немощь!.. Вот, слышь, к нашему брату и подойти нельзя — так и это опять ничего. Наш брат бурлак как ступил на берег, да пошел на свои деревни: на первом же селе бабы тебя словно пчелы облепят. Мы уж у них без бани и обеда не берем. Давай нам, тетка, щей, дескать, горячих, да пару, да веник, а нам со своим двугривенным не до дому же тащиться — на вот, бери... ведь и ты, глядишь, не разживешься с него. А посмотрел бы ты, как наши ребята на Рыбном пьют, так тем, что нашего брата ни в грош не ставят да еще и глумством всяким доходят,— в нос кинется, в почесотку введет и в зависть всякую. Ведь у нашего брата копейка ребром стоит, а с нее пар валит...

Довольный собой, бурлак в Нижнем ни в чем не откажет себе перед трудами, которые ждут его в путине: пьет и бушует под кружалами не тише московских купцов.

Между тем на мосту через Оку с каждым днем заметен

прилив новых бурлаков, которые ждут только обратной путины и не дожидаются ее долго. Вот подходит урядчик:

— Кто, ребята, на Рыбное? Кто на Казань? Кто на Симбирск?

— Мы, хозяин!.. Отправляй нашу артель попервоначалу: вон те и шишка наш! У него и пашпорты наши.

— Ну так молись, ребята, да и ступай с богом,— собирайся!

Мост еще не кончился, но начался уже ряд лавок, в которых хотя и производится торговля, но мелочная: шапками, картузами, шляпами, сапогами и прочим добром, необходимым в быту крестьянском и бурлацком.

Между тем к концу моста окончательно начинает поражать близость ярмарки: со всех сторон тянутся навстречу длинные обозы, запирающие проход дальше. Толпа делается гуще и разнообразнее; говор становится громче и сильнее и несколько напоминает базар в каком-нибудь маленьком дальнем городишке или торговом селении. Но еще несколько десятков шагов — и мы уже на самой ярмарке. Длинная широкая улица потянулась с моста, образуемая досчатыми балаганами, выстроенными наскоро, на живую нитку. Как бы для того, чтобы скрыть их вопиющий недостаток, все они выкрашены серенькой краской, но тут пока только старое платье, зазывные приглашения вроде апраксинских[25] или гостинодворских московских с теми же неудачными предложениями купить то, что уже у нас есть, и с такою же настойчивостью. И здесь также готовы ухватить за руки и силою втащить в лавку, если только найдется хоть малейший повод к тому. Мужиков и баб подгородных торгаши просто таскают за руки силой.

Вот две дороги — одна налево, мимо груд дынь и арбузов к центру ярмарки: двум заветным флагам и так называемому Главному Дому; другая прямо к театру. Выберем последнюю и будем иметь удовольствие видеть Новинское[26] или Исаакиевскую площадь во время Святой недели или масленицы. Целая площадь обстроена балаганами с заманчивыми картинами и вывесками. Там намалевано целое поле сражения; здесь целая пирамида людей, исковерканных в различных фантастических положениях. Из некоторых балаганов раздаются выстрелы; один — сильнее прочих: проходившая толпа праздных мужиков ухает, останавливается. Мужики переглянутся, улыбнутся, отпустят доморощенную

---

[25] апраксинские — имеется в виду Апраксин двор в Петербурге.

[26] Новинское — в то время — подмосковная местность, где устраивались ярмарки и народные гуляния

остроту и пройдут дальше. На самокатах раздается однотонная музыка, которую и можно слышать только на народных гуляньях. Здесь — целая ватага горничных, отпущенных господами, мещанок, раздобывших двугривенный на каком-нибудь шитье или вязанье, соседских деревенских орженушек, доставляющих себе удовольствие на проданные торговкам ягоды, и продажные красавицы, набежавшие со всей России,— по гривеннику. Все это качается в самокатах на слоне, на коньках, колясках и на других разного рода и вида сиденьях, и все они крайне довольны и собой, и ярмаркой, и людьми, которые дали им на то средства.

Тут же, напротив самокатов, или как обыкновенно называют их здесь — кружал, вечно сидят торговки-бабы с орехами, подсолнечниковыми и арбузными семячками, моченым горохом, гнилыми яблоками, услаждающими вкус катальщиков.

В страшный восторг приходит вся эта ватага, когда главное лицо начнет подбирать рифмы в ответ своему старосте-командиру или когда на него напяливают мундир вверх ногами. Он жмется и ёжится и что-то кричит; его не хотят слушать, но когда четыре мускулистые руки, окончательно надевши мундир, начинают его встряхивать как бы в мешке, народ кричит:

— Шибче, ашшо встряхни: небось уколотится!

Но когда нового солдата ставят на ученье и дают ему в руки ружье, и он вместо "на плечо" кричит "горячо", вместо "от ноги" брякнет во все горло "погоди!" — толпа гремит тем неистовым смехом, который только ей одной и под силу. Толпа ждет не дождется того антракта, когда, после показа актеров, участвующих в следующих представлениях, является давно ожидаемый скоморох-утешитель. Кажется, и сам он мало думает о себе и тоже, в свою очередь, не дождется антракта, того последнего антракта, после которого он со всех ног бежит в ближайшую деревянную будку с елкой и с лаконическою какой-нибудь надписью: "Мечетная выставка, No 10". Это какой-нибудь портняжка, пьющий запоем, но во время охмеления работающий за четверых. Он отбился от всех рук, в какие только ни бросала его судьба и от каких представлялась ему возможность отбиваться. Он и теперь, может быть, убежал от хозяина на время ярмарки из страсти к своему веселому ремеслу, которое влечет за собою огромное количество водки, притупляющей в нем всякую щекотливость к побоям. Кончится ярмарка, портняга опять придет к старому хозяину после долгого-долгого похмелья и начнет подводить:

— Что так как-де довольны оченно вашею милостью, то не примете ли опять на верстак; заслужим чем могим, а о другом-прочем не сумлевайтесь: все очинно пойдет прикрасно.

Сядет он опять на верстаке, подхвативши под себя ноги, если только не до конца рассердил и этого хозяина. Сидит он до первого запоя, но уже перед ярмаркой опять улизнет, не спросясь и постаравшись всеми неправдами забрать свои деньги вперед. Глядишь: он опять где-нибудь на балаганном балконе под Новинским. На великий пост фигляр опять пропадает, но на святой он опять тут как тут, если только не успеет его изломать запой, как вещь лишнюю и ненужную на этом свете. Народ гудит в восторге от его острот, и никто не спросит, никто не пожалеет его, если явится другой с тем же искренним желанием насмешить толпу и потешить. На ярмарке в Нижнем он тут как тут, но уже на целое лето.

Раевщик — тоже человек, обрекший себя на потеху, но уже решительно иного характера: он даже, если хотите, враждебно смотрит на паяцев, которые, привлекая толпу к себе, отвлекают от его театра. Вот почему он всегда выбирает местечко подальше от кружал, но всегда видное и, по возможности, бойкое. Ясно, что и здесь зрителей у него немного. С большой радостью пускает он за какой-нибудь пятак в складчине целую кучу ребятишек. Редко-редко навернется на него и здесь такой любитель, который, желая потешить себя приговорами, бросит ему полтинник и, отойдя на приличное расстояние, не смотря в стеклушки, слушает вранье сказочника, которое в Нижнем вращается на остротах и насмешках над купцами: "купцы продают рубцы, сено с хреном, суконные пироги с навозом" и прочее.

— Вот бы и ярмарочное дело теперь,— говорит он любопытствующему знать о положении дел и ходе его торговли,— а что? Лучше бы и не трогаться из Москвы. Все барыши отбивают у нашего брата эти кружала проклятые — и Петрушкой бы стучишь и "ватрушками" и разными приговорами трогаешь. Оглянется к тебе весь народ-от этот, да и опять на паяца зевает. Тут не токмо что, а и киятра-то не окупишь. Вот один этот маленький 20 рублев стоит, да два раза в год окрась его, да надпись подбери позаманистей, что вот-де "сия панорама показывает разные виды городов и селений",— так и будешь знать, как себя прокормить. А потаскай-ко ее на плечах, так и даст она тебе знать себя, хотя и не веска — всего только два пуда будет — да зато занозиста: все тебе плечи пообширкает. Только вот один работник и выручает еще кое-что: не то поглаголистей он, не то киятер-то у него большой.

Одного весу в киятре будет пудов 18; сам и картины подлаживаешь, коли не уноровишь достать большую. Тут ведь ширины одной два с половиной аршина, есть на чем поразовраться, особо когда хмельком заберешься. Тут уж врешь и сам не ведаешь что!— прихвастнет раевщик.

Неправда в его словах только одна: не поедет же он даром за четыреста верст, не рассчитав и не испытав барыша заранее. Никогда не пойдет в раевщики мужик, привыкший трудом зашибать копейку! всегда уж это какой-нибудь аферист, прошедший огонь и воду и вот теперь ударившийся в скоморошество, и всегда с верною, заранее рассчитанною целью. Знает он очень хорошо, что таких досужих людей, как он сам, едва ли насчитывается до десятка. Все они знают друг друга, и все они, по большей части, приказчики одного какого-нибудь достаточного хозяина, который посылает их в другое время по дворам для потехи детей и их нянюшек.

Еще несколько шагов вперед, и перед вами большое серое здание театра, все облепленное афишами, на которых буквами в вершок обозначены имена заезжих столичных артистов. Василий Игнатьевич Живокини почти никогда не сходит. Те же афиши пестрят все городские фонарные столбы сверху донизу, но публики привлекают против ожидания мало: внутренность театра неудобна, освещена дурно какими-нибудь тремя десятками свечей, неудобно прилепленных к ложам; всюду сквозит ветер, музыканты играют хотя и старательно, но всегда фальшиво. На сцене ставят плохие пьесы провинциального репертуара, большею частью трагические и драматические со всегдашним враньем на афишах того, что не покажут да подчас и показать не могут. Пьесы к тому же и разыгрываются плохо, с весьма немногими исключениями.

Отсюда вы можете отправиться в железный ряд, самый длинный изо всех, где выставляют напоказ иногда вещи удивительные. Мы видели целый дом, сделанный из железа в один этаж: весь он складывается несколькими рабочими в двое суток, но разбирается весьма скоро, чуть ли не в 10 часов или того меньше. В доме этом пять комнат: прихожая, контора, зал, спальня и кухня. Хозяин ценил его в полторы тысячи, говорил, что в нем весу восемьсот пудов, и в расчетах ошибся, потому что ярмарка — не выставка; изделие его никто не купил.

Обогнувши театр и повернувши немного налево, мы вскоре очутились в самом центре ярмарки, который можно считать у Главного Дома. От него прямо потянулись ряды каменных корпусов гостиного двора, разделенных между собою на две половины узеньким бульваром, еще достаточно не обросшим.

Сейчас налево самое почетное и видное место отведено было строителем ярмарки (при Александре I) Бетанкуром — книжной торговле. Но ее нет и следа: все лавки модных и иных ходовых товаров. А книги на ярмарке — не товар (дешевые картины еще туда-сюда); книжному торговцу перед всеми другими оптовыми нельзя и признаться. Зато все другие ряды и линии честно и буквально сохранили за собою свои старые названия: москательные, бакалейные, бумажные, кожевенные и даже колокольный. Бульвар ведет до огромного ярмарочного собора с одной стороны, а с другой примыкает к главному корпусу, в котором временно помещается ярмарочное управление: начиная от квартиры губернатора и лиц, нарочно командируемых на этот случай, и кончая почтовым отделением. Середину нижнего этажа этого корпуса занимает огромная зала, образованная четырьмя меньшими наподобие креста, середина которого занята несколько возвышенным помостом для помещения оркестров военной музыки. Залы эти отчасти напоминают москвичу его Голицынскую галерею, а петербургскому жителю — Пассаж, с которым он, кажется, и имеет большое сходство, если только присоединить к тому запах пригорелого масла, который врывается сюда из смежной трактирной залы.

Под Главным Домом помещаются магазины персидских товаров со своими горбоносыми, смуглыми, краснощекими хозяевами в пестрых халатах, с длинными, ни к чему не нужными рукавами и в высоких мерлушчатых шапках. Тут же, в одном углу, приютились изделия Екатеринбурга: все эти топазовые, аметистовые, сердоликовые печатки, вазы из орлеца, тарелки и чашечки из калганской яшмы, крестики из горного хрусталя, запонки из тяжеловесов и дымчатого топаза, целые иконы и картины из всевозможных яшм, и из них же пресс-папье, и тому подобное. Попадаются на глаза и небольшие шкапчики, в которых приезжий оптик разложил свои инструменты и местный токарь — свои безделушки. По вечерам здесь играет музыка и бродят толпы городских фатов и иногородных заезжих гостей между кучами сундуков, ящиков, на которых чинно-важно сидят уставшие. Вам предстоит приятное удовольствие задевать за чужие ноги или до невыносимой боли ушибить колено об выставившийся угол ящика, на каждом шагу наталкиваясь на новый прилив гуляющих, толпы которых как тени шатаются из угла в угол. Разойтись тут решительно негде, и слово гулять приличнее было бы заменить в этом случае словом толкаться. И все-таки находятся охотники: чуть ли не целый Нижний является сюда для прогулки и как бы для того, чтобы в сытость насладиться удобствами ярмарки (которой и веку-то всего только два месяца) и потом на целых десять месяцев замкнуться в свой заветный кружок.

Один выход из Главного Дома ведет к Оке. Он с двух сторон окружен целым рядом извозчиков, потому что это главный подъезд от города, а другой выходит на бульвар; к нему извозчиков не подпускают. От бульвара Главный Дом отделен небольшой площадкой, на которой постоянно толкутся продавцы-ношатые: господин неопределенного вида в длинной чистенькой сибирке с целою связкою ящиков и коробочек за плечами. Та, которая в руках, открыта: он показывает пряник и называет последний заманчивым именем вяземского. Зная о близости Городца, богатого села здешней губернии, расположенного на берегу Волги в Балахнинском уезде, давно уже получившего известность в деле печенья пряников, можно усумниться.

— Да вжеж усе у Вязьме пекли: городецкие-то на меду, а наши на сахаре. Наши рассыпчатые, с цукатом!— выкрикивает нам в ответ продавец и не обманет. Мы должны ему поверить, если не на слово — по крайней мере, за произношение, которому он остался верен и на нижегородской площадке. Это чистый смоляк, приказчик или родственник какого-нибудь вяземского пекаря, который разложил свой товар где-нибудь в гостином дворе, в каком-нибудь бакалейном ряду, под какою-нибудь литерою И или К. И поверьте, что надпись на прянике, гласящая, что "Сей праникъ спечен въ Вязме" или "Сия коврышка вясемска", как нельзя больше справедлива и неподдельна. При этом (если есть досуг и время) смоляк готов нам забраковать и охаять городецкие пряники, называя их "перепечами", поджаренными на сковородке в масле. "Их-де перед ярмаркой щетками оттирают, медом да маслом приправляют для скусу; они все оржаные пополам с мякиной; медовики, сухари, сусленики. Они и идут-то только на масленице да на святой неделе под кулак ребятам фабричным по пятаку на перешиб за десяток..."

Тут же, как из-под земли возьмется, подступает казанский или симбирский татарин, подосланный с бракованным, редко добротным мехом из крымских барашков или воротником часто настоящего камчатского бобра, редко польского с подкрашенными сединками. Так же, как и везде, верный себе самому, татарин запросит страшную сумму и уступит за половину, по нескольку раз отходя в сторону, упуская покупателя иногда далеко из вида и опять выходя откуда-нибудь из-за угла или подсылая товарища, если заметит стойкость в назначенной цене и упорство.

— Купи, барин, у меня мех!— говорит подосланный и покажет тот же мех, который уже видел покупатель, и немного сбавит цены против прежнего.— Нонче дорог крымский баран — настоящий, барин! Тебе не убытка, а нам деньга нужна!.. Слышь, барин,— тебе добра хочим.

При дальнейшем упорстве он еще, пожалуй, несколько сбавит цены и, если видит хоть маленький барыш себе и хозяину, при надбавке непременно уступит мех: за большим не гонится, как и те его родичи, которые продают в столицах халаты, платки и мыло и покупают всякую рвань: старые штаны и голенища, треугольные шляпы и изломанные шпаги и сабли.

Вообще сказать, эта площадка между Главным Домом и бульваром — место сходки всех мелочных торгашей: тут и мальчишка лакей, стащивший у барина несколько томов журналов старых годов, и человек, приплевшийся из Москвы продавать свою ваксу, которая способна сделать сапоги наши на целую неделю чище зеркала и не боится ни дождя, ни грязи, ни пыли, а в сущности дрянь, какую только себе можно представить. Тут же протискивается вперед и казанский татарин с коробкой мыла, способного в два приема согнать загар и выводить веснушки. Все эти люди, с утра вытащившиеся из своих конур где-нибудь в подвале Кунавина, начинают обыкновенно свое путешествие по трактирам. Мимоходом только останавливаются они у Главного Дома и, бог весть, в каких занятиях проводят вечер, когда стемнеет и начинается торговля новых лиц, также приехавших из Москвы, Ярославля и ближайших к Нижнему губернских городов, всех этих рудневских и иных красавиц aus Riga, aus Revel и даже aus Hamburg und Lübeck.

Всюду видно кропотливое желание продать, навязать товар, как это встречается на любом толкуне в столицах. Но этого торгового движения целой России, движения нескольких миллионов рублей, собственно, предполагаемой ярмарки в том значении, как мы привыкли понимать по образцам других губернских городов с ярмарками, решительно, против ожидания, не видно, не заметно. Ярмарка налицо, но ее торговля, движение? Мелочные покупки в лавках нижегородских жителей решительно ничего не значат. Ничего не доказывает и это множество лавок, которые целый день, по-видимому, стоят отпертыми без цели, и эти хозяева, которые пьют чай решительно в невозмутимом спокойствии, заботясь, кажется, только о том, чтобы вовремя передать горячий стакан из одной руки в другую и не обжечь себе ладони и пальцев. Весь гостиный двор пройдешь из конца в конец и не заметишь предполагаемого движения ярмарки; не удивит незначительное движение, немного больше того, какое встречается в любом гостином дворе любого губернского города. Нередко, впрочем, виден перед рядами, в которых производится оптовая продажа, десяток возов, которые нагружаются шерстью, цыбиками чаю, бочками: сахару, вин и пряностей. При этом, всегда и неизбежно, заметны, как и на перевозе, широкие богатырские спины татар и их изрытые оспой лица: вся ломовая работа производится этими коренастыми, здоровыми татарами здешней и соседних губерний. Татары приходят сюда недели за три-четыре до начала ярмарки целыми артелями. Начальником артели в таких случаях от нанимающих хозяев назначается доверенный русский, которого иногда не трудно и заметить тут же в синей сибирке с большою палкою. С ним легко свыкается рабочий татарин, делается ему, по-видимому, безропотно послушен, скоро выучивается и водку пить и при первом случае просит на чай (...) не хуже другого рабочего из русских подгородных мужиков. Только плохо еще говорит татарин по-русски, но, во всяком случае, делается далеко непохож на своего единоверца, например, обитателя дальних уездов Вятской губернии, на оренбургского, а в особенности на сибирского татарина.

Возы (...), нагруженные татарином, дают вам еще некоторое право заключить о близости коммерческих сделок, но вглядитесь в то же время в дороги, ведущие от Нижнего в Вятку, Кострому, Казань и Москву, и тогда уже делается несомненным полный разгар ярмарки. Нет, кажется, никакой возможности пробраться никакому экипажу между бесконечными вереницами возов, уставивших в своем медленном движении всю дорогу с своими неизменными мужиками по сторонам — владетелями лошадей и длинных телег, жителями или подгородных деревень, или, по большей части, Муромского уезда Владимирской губернии. Молча плетутся они по сторонам, страдая от всех перемен прихотливой погоды и только по привычке перенося скуку однообразного пути, на который обрекли они себя по нужде и по обычаю отцов и дедов. Три-четыре раза успевают они отправить доверенный им товар на свой страх и полную ответственность за его целость. Хозяева отпускают с ними только одного приказчика, а сами едут уже в конце ярмарки в вагонах, каютах, но всего больше на тройке, в тарантасе и в компании пяти-шести человек, из которых трое главных сидят в главном месте, один молодец на козлах, двое других назади, в каком-то мешке из рогож, отличающемся всевозможными неудобствами и неуклюжестью.

Вернемся на ярмарку и подивимся всем удобствам, которые предоставлены здесь торговому классу, начиная от подземного коридора кругом всей ярмарки до избушек, сколоченных наскоро из досок и торчащих на каждом главном углу. Коридор подземный — отхожие места, выстроенные Бетанкуром так, что особым током воды они прочищаются почти во мгновение ока и служат, при чистоте своей, помещеньями и для курящих, так как курить в рядах и на бульварах запрещено. Надпись на одной из избушек ясно говорит вам, что здесь:

Иксъ соменованой паликъ махтеръ и фелтьшалъ Іванов, въ новь приехадшей изъ Москвы.

Таких не одна, а около десятка.

Выставленные в окнах другого домика портреты дают вам знать, что тут фотография, прибывшая из Петербурга, из Москвы, спустившаяся из города Нижнего на время ярмарки.

Невольно поражает безграмотность московской вывески, с претензиями на подробное исчисление всего, что может сделать хозяин, и краткость вывески петербургского человека, вывески, которая большею частью пишется на двух, часто на трех языках и уже с гораздо меньшим числом орфографических промахов. В Москве: "продажа, торговля, лавка и т. п. разных овощных и колониальных товаров, табаку, цыгар, чаю, сахару, кофе купца Ивана К." — в Петербурге: овощная лавка, "мелочная лавка No 1". Московские вывески словно дали вековой зарок ссориться с грамматикой; в Петербурге только уж чересчур перехитривший маляр поддастся соблазну и переврет, но зато в остальном преимущество далеко на стороне Петербурга. Та же безграмотность замечается и в гостином дворе, большая часть которого наполнена приезжими москвичами; редко, весьма редко заберется между ними приезжий из Петербурга, Варшавы или Одессы. За доказательствами ходить весьма недалеко: стоит обойти кругом ярмарки и пересчитать, сколько на этом пространстве выстроено различных трактиров, харчевен, рестораций и других заведений подобного рода. Чья прихоть развела их в таком огромном числе, при такой величине самого помещения, как не прихоть москвича, который не откажется по десяти раз на день пить чай вприкуску, со сливками и без сливок, с лимоном, с медом, с изюмом. А между тем эти трактиры едва ли не главный притон для всех коммерческих сделок. По чистоте и убранству, наконец, по самому названию этих заведений можно, кажется, судить об относительном количестве совершаемых в них сделок. Здесь-то, можно сказать, заключается корень ярмарки, как выражаются сами купцы. Сюда-то сходятся они, чтобы заключить последнее условие, сказать друг другу последнее слово: "да" или "нет".

Дело обыкновенно производится следующим образом: купец, желающий купить по мелочи, является к тому, у которого есть то, что ему нужно. Покупщик кланяется, улучает свободную минуту, несколько времени мешкает, переминается — он незнаком с продавцом; тот спешит предупредить его и спрашивает:

— Что вам угодно, почтеннейший?

— Да вот-с, желательно бы из сукон-с недорогих... ситцев московского производства... дардедаму...

— От каких и до каких цен?— спрашивает продавец.

Но покупщик желает видеть самый товар. Продавец приказывает приказчикам снять товары с полки, и, когда покупщик займется самым внимательным разглядываньем их, он спешит с ним разговориться; допрашивает, из какой губернии он родом, где производит торговлю и кто его рекомендовал ему. При получаемых ответах москвич придакивает:

— Тэк-с, тэк-с, знаем Ивана Спиридоныча. Отчего же вы по-прошлогоднему не обратились к Андрею Фектистычу? У них товар без обману; сами в фабричном деле обиход держат... на несколько тысяч товару производствуют.

Покупатель, человек не впервые имеющий дело, знает, к чему ведет речь продавец, и потому тотчас же спешит рассеять сомнение и, если намерен покупать на чистые деньги, не нуждаясь в кредите, отвечает прямо.

Слово за словом, и покупщик уже назначает количество нужного ему товару, а затем:

— Позвольте уже, выходит, утрудить ваше досужество, на кое время попросить в заведение чайком побаловаться.

Продающий соглашается, отдает нужные приказания приказчику, а сам с покупателем отправляется в ближайший трактир. На пути первый спешит заговорить со своим покупателем. При этом кстати пожалуется на времена тугие, упомянет вскользь, что и он потерпел убытку на несколько сотен; расскажет какой-нибудь несчастный случай на перевозке, где от водополья и недостатка в перевозчиках подмочили у него товар рублей на триста и более. Тут же сошлется на трудность найти и придержаться за честного, доверенного приказчика. К слову прихвастнет, что за всем свой глаз нужен; без того — хоть в гроб ложись.

Но вот они уже в заведении, где их встречают поклоны хозяина трактира, буфетчика, двух приказчиков, приставленных для надзора за служителями. С радостью видит москвич во всем обстановку любого московского трактира. Те же маленькие столики с вечно мокрыми и сомнительной чистоты скатертями, накрываемые маленькой салфеткой; те же полоскательные чашки на столах; тот же песок на полу и морс на середнем большом столе, всегда готовый к услугам даром, без платежа пошлины; те же заветные парочки[27] и вечный кувшинчик сливок; та же даровая закуска к водке, состоящая из куска ветчины или соленой рыбы с двумя огурцами, и, наконец, те же половые в белых рубашках, с полотенцем на одном плече — бойкие ребята-ярославцы, охотники прислушаться к вашему разговору и, по мере средств и возможности, вмешаться в него, надеясь вполне, что их не оставят без внимания. Привычные люди, знакомые гости-москвичи всегда готовы подразнить полового каким-нибудь нелюбимым им словом, разговориться с ним и отвечать на все его замечания, высказываемые всегда отборными выражениями, большей частью заимствованными у своего же брата, который знает грамоте, в досужий час почитывает романы московского изделия и вслух читает новые газеты, кривотолком объясняя места темные.

Кучкой, расправляя бороды и разглядывая до последней нитки своих гостей, стояли половые подле стола, когда вошли новые гости. Мгновенно все они перемешались, засуетились, хватаясь как угорелые за кучу салфеток, пока один, побойчее прочих, не отделился вперед. Подойдя к столу, он разложил салфетку, оправил ее, бессознательно повернул полоскательную чашку, вытер, поставил ее на салфетку и вопросительно перебежал взглядом с одного гостя на другого.

— Три парочки чайку, да смотри хорошенького: самого, знаешь, лучшего!— говорит покупатель.

— Лансену, что ли? — спрашивает несколько грубо привычный половой.— Чашек-то две принести, лимону али сливок?

---

[27] парочка — 2 фарфоровых чайника — большой для кипятку малый для заварки.

— Вели собрать цветочного, да лимонцу два кусочка принеси, хорошенького,— отвечает заказывающий.

При этом он самодовольно потирает руки и начинает общелкивать пальцы в то время, как продавец бессознательно обглядывает со всех сторон полоскательную чашку и, бог знает с какою целью, щелкает в ее донышко своими пятью ноготками. Видимо, они еще не освоились, а продолжать давешний разговор, прекращенный ответными поклонами хозяину заведения и его приказчикам, находят теперь уже решительно излишним.

Не проходит пяти минут, половой уже мчится на всех парусах, растопырив руки и живо передергивая плечами. В одной из рук мотается приподнятый выше головы поднос с чашками и двумя чайниками, которые бог весть каким чудом не падают на пол и, кажется, только чисто акробатической ловкости служителя обязаны этим спасением. Половой не поставил, а ловко бросил поднос на стол, причем посуда страшно зазвенела, но, к удивлению, осталась цела. Он отскочил и опять дал знать о своем присутствии подле стола, метко бросив серебряную ложечку прямо в чайную чашку, причем ложечка жалобно завизжала и раза три перевернулась с боку на бок. Половой опять отошел на свое место к столу и, обкусывая бороду и подпершись локотком, искоса наблюдал за своими гостями.

Покупатель долил чайник, сполоснул чашки, налил их и, придвинув блюдечко с тремя парами сахару к гостю, просит его угощаться. Гость снял один кусочек, перекрестился, налил чаю из чашки, растопырил свою пятерню в виде рогульки и, уместив на нее блюдечко, начинает пить, прищелкивая сахаром решительно в гомеопатических приемах. Половой продолжает обкусывать бороду и наблюдать своих гостей. Оба они выпили чай. Один закрыл чашку и положил на донушко оставшийся в руках кусок сахару. Тот, который заказывал, сбросил сахар и вскрыл чашку, сухо промолвив:

— Не в одолжение!.. Уважьте еще чашечкой!

Половой продолжает наблюдать и видит, что у купцов дело совсем не ладится. Его привычному взгляду не трудно угадать в них продающего и покупающего. Половой переступил с ноги на ногу, перекинул полотенце с одного плеча на другое, оправил рубашку и, отодвинувшись немного от стола, начинает опять наблюдать за ними. И вот, наконец, к крайнему его удовольствию, заказывавший догадался и, подозвав его сначала звоном в полоскательную чашку, а потом пальцем, говорит ему:

— Принеси-ко, молодец, графинчик очищенной... али какую вы более уважаете?— продолжал он, обращаясь к своему гостю.

— Что до нас, то все едино-единственно, какую прикажете-с!— отвечает тот и заметно повеселел.

— Так уж поуважительнее по крайности графин принеси, да и рюмочек-то, знаешь, хозяйских подай!..

С теми же ловкими порывами и громким звоном поставил половой на кончик стола требуемый графин с куском ветчины и двумя огурцами на тарелке. Затем он опять скрылся, чтобы принести нож и вилку, разрезать закуску и вывалить целую ложку крепкой сарептской горчицы, от которой у купцов зажжет во рту и захватит дыхание. Половой опять станет наблюдать и, если не позовут его на новую услугу уважить парочкой чайку или порцийкой селяночки, он заметит за своими гостями большую перемену; после первой же рюмки, сопровождаемой кряканьем и обтиранием бород, они делаются заметно разговорчивее. Первым начинает покупатель;

— Так как нам очень нужно товар этот получить во свое во владение, то соблаговолите уже назначить ему и сумму безобидную. Вам, значит, продать без убытку, а нам купить без оного.

— Да вот что,— отвечает продавец, пережевывая закуску, обтирая вытребованной салфеткой рот и руки и придвигая уже налитую чашку.— Если вы теперича, выходит, перводобротного самого купите, то дам вам на редкость лучше, чем вы сами отложили, а уж на брак так мы и цены накладывать не станем... Так уж для первого знакомства, чтоб уж и вперед нам компанию и дела вести.

— Всегда, выходит, покупатели ваши!— перебивает его первый и при этом приподнимается и кланяется. Продавец дает ему руку через стол, также привстает и также низко кланяется. Они уже знакомы и, по-видимому, довольны друг другом.

— Так как же теперича цена ваша будет, добротному-то?..

Покупатель, сколько заметил наблюдающий половой съежился, даже покраснел, как бы и не рад был, что так скоро приступил к концу, не догадавшись оттянуть его подальше.

Продавец медлит, пркупатель наливает еще две рюмки и просит пригубить.

— Очень благодарствуем... и опять-таки не будет ли? Я вот лучше чайку еще плошечку выпью!— церемонясь ответит гость и придвинет чашку.

— Нет, вы уж не беспокойтесь: чай-то и опосля можно. Нас

ведь, к примеру, водка не раззорит; только будем друг другу в одолжение делать, чтоб и напрёдки в обязательстве происходить. Прошу покорно!.. Послушай-ко, молодец, вели-ко нам обрядить селяночки московской, да посолонее, капусты вели накрошить побольше.

Половой пристукнет каблуком, монотонно, скороговоркой объявит буфетчику о желании купцов и мелкою дробью слетит с лестницы в то время, когда покупатель успеет опять напомнить о назначении цены.

— Без лишнего, почтеннейший, —ответит ему продавец.— Для ради первого знакомства сделаем и уступку. Вот положа руку на сердце, если вам на чистые — по полутораста целковиков за партию, а то продаем и дороже!..

Покупщик не соглашается, дает свою цену; продавец долго крепится, говорит, что нынче и матерьял и рабочие стали дороже: почти что, дескать, не из чего и биться. Но ведь и покупщика — старого воробья — на мякине не обманешь; он подается ленивее самого продавца.

Селянка между тем съедена; графин опростан, но купцы еще ломаются: окончательно не сошлись в цене. Только к концу чая они заметно подаются и мало-помалу убеждаются в том, что нельзя же одному без барыша, а другому купить с убытком. К тому же цены и тому и другому известны хорошо, так хорошо, что, принимая во внимание и самое время и другие зависящие от него обстоятельства, они друг перед другом не останутся в больших барышах, а свое возьмут безобидно.

— На угощеньи благодарим покорно!— говорит продавец, берясь за шляпу и раскланиваясь.

— Просим не прогневаться!— отвечают ему.— Уж, выходит, теперича извольте и задаточек получить...

— Обойдемся и без оного,— отвечает продавец,— милости просим теперича товар получить; а мы во всякое время готовы, пожалуйте!

Отдавши товар новому хозяину, он обязан, в свою очередь, для поддержания знакомства на будущее время угостить его по окончании сделки по крайней мере обедом, если, что называется, не расхарчиться на большее. Впрочем, тут частую и большую роль играет шампанское, обыкновенное тотинское (Тотина), которое сплошь и рядом уходит за Клико и Редерер.

Вот вследствие каких обстоятельств целые десятки трактиров, окружающих гостиный двор, всегда полны народом и нет, кажется, ни одного места, которое бы в таком количестве зашибало копейку, как заведения подобного рода, если не принимать в расчет те, которые расположены за московским шоссе. Недаром же хозяева трактиров употребляют всевозможные приманки для тороватых хозяев, у которых, кроме главной мысли о торговле, замечаются и другие наклонности, сродные иному человеку в минуту прилива денег. В нескольких трактирах для услаждения слуха посетителей ревет целый хор московских цыган с гиком и диким выкриком, который решительно заглушает тринькание гитары или торбана. Издали он кажется вам простым криком пьяных певцов, вблизи делается довольно сносным или, по крайней мере, поражает некоторою стройностью голосов, согласно аккомпанирующих друг другу после хоровых вскрикиваний. Наконец, хор этот способен привлечь полное ваше внимание и затронуть даже кое-какие струны чувствительного сердца, когда начнет петь solo какая-нибудь Лиза или Танюша. Но отходите дальше от этого буйного хора, если у вас нет особенного желания истребить все заготовленное хозяином трактира количество бутылок шампанского. Предоставьте это тем, которые исподтишка от отцов и хозяев бурливо тратят свободное время.

Есть на ярмарке другие трактиры, в которых происходит то же, только несколько в тесных рамах. Там какая-нибудь смазливенькая немочка-арфистка, умеющая говорить и по-польски и по-французски, страшно жеманясь и, кажется, стесняясь собственными приемами, несколько похожими на приемы горничных, подойдет к вам с засаленною тетрадкою нот и попросит на починку арфы. Не стесняйтесь: кладите гривенник, пятиалтынный — здесь всем довольны; от вас большего не потребуют, а и откажете — за вами не будут следить с насмешливым взглядом, не будут делать оскорбительных замечаний на ваш счет, замечаний, которые в другом месте долетят до ваших ушей и оскорбят ваше самолюбие, если только вы несколько обидчивы. Не дадите... но едва ли вы не дадите хорошенькой, девушке, которая стоит долго, готова отвечать на любезности. И посмотрите: она словно маков цвет раскраснелась. Ей, кажется, даже совестно незавидного своего положения тут, среди этих людей, которые чуть не во все горло говорят о ней замечания и ждут со страхом, что вот и к ним подойдет она. Арфистка действительно подходит к сидящим, но не ко всем: у ней уже замечено несколько господ, которые раз отказали ей. Компания других всегда спешила кончать угощение и браться за шляпы при первом появлении арфистки с засаленными нотами. К ним не подойдет она, но зато охотно подсядет и с полчаса полюбезничает с знакомым тороватым господином, с которым она без церемонии, и даже сама назначает ему сумму в рубль, два, три и больше. Он вчера только, может быть, пил здесь шампанское и портер и заказывал арфисткам свои любимые песни. Подосланная девушка особенно любит подходить к тем посетителям, которых видит здесь в первый раз в жизни или в первый раз сегодня, когда они только еще успели взойти; на это у арфисток глаз острый (...)

Вот и теперь обратилась она к двум купцам, совершающим сделку.

— Извините!— говорит тот, который только что дразнил полового какой-то "горчицей с молоком" да "переяславскими сельдями".

Она обращается к другому.

— Нет уж, барышня, мы ведь не молоды, да и не затем пришли, признаться. Вот похолимся чайком да и уйдем.

— Ужо-тко, барышня, наши молодцы вечерком подойдут, ты вот коло них-то пофинти. Этот народ посходнее хозяев. Коли к водочке пожелание имеете, так милости просим — велим подать.

В некоторых трактирах поют даже знаменитости, сошедшие со сцены, но уже растерявшие известность по всевозможным ярмаркам; и голоса с изъянцем, и поют они весьма фальшиво, хотя с большою бойкостью и навыком. Неприхотливый вкус посетителей в других трактирах легко удовлетворяется испорченным органом или даже просто шарманкой, которая шипит им камаринскую или щелкает какую-нибудь "жил-был у бабушки серенький козлик" и т. п. модное по сезону и политическому настроению общественной столичной жизни, но с перевесом и преимущественным влиянием Москвы.

Настает пора обеда. По рядам чаще стали показываться разносчики, но не в таком огромном числе, как в московском или здешнем гостином дворе. Причиною тому, вероятно, также близость трактиров, где ожидают проголодавшегося огромные московские порции кушаньев, из которых одна в состоянии насытить вас, а один обед всегда подается двум посетителям, но и тут, кажется, трудно обойтись без остатков. Если прискучат жирные трактирные кушанья и хочется отыскать разнообразия и притом тут же на ярмарке, не делая шагу дальше, к услугам оригинальные армянские кухни. Стоит только пройти мимо (...) мастерских на свежем воздухе, в которых перешивается старое платье и шьются личные сапоги, глазам являются два балагана, из которых клубами несется масляный дым. Внутри балагана простые деревянные скамейки, накрытые коврами, перед маленькими столиками, на которых пока еще ничего нет. Это-то и есть армянская кухня. Войдите туда, если хотите, но имейте терпение перенести духоту, которая наполняет балаган, и не обращайте внимания на господствующую там нечистоту, какая только и может попадаться в учреждениях такого рода. Без подобной решительности вы откажете себе в удовольствии есть пилав, кебаб, шашлыки и другие национальные армянские кушанья. Если нечистота эта сильно поражает и непонятно, каким образом можно сидеть тут и есть эти жирные кушанья,— оглянитесь кругом и успокойтесь. С тою же целью пришли сюда все эти господа, не только прилично, но даже роскошно одетые, все эти грузины, персияне, армяне, привезшие в Нижний свой шелк шемаханский, свои платки и материи шелковые — бурсу, канаус, свои ковры и кизлярские вина.

Какой-то аферист, оренбургский татарин, каждогодно пригоняет сюда штук до пяти кобыл, сухих, изможденных, и сверх того привозит несколько бочонков с заранее заквашенным кумысом. Пройдя китайский ряд с его оригинальными киосками и целыми грудами цибиков чаю, вы вступите на мост, с которого открывается с одной стороны сибирская пристань на Волге, а с другой, за широким Мещерским озером, поле и дальнее село за черным лесом. На этом-то поле, на мыску, образованном озером, палатка, около которой привязаны приведенные татарином кобылицы и воза три с бочонками кумыса. Гугнивый татарин раскинет под ноги ковер; вы должны сесть и поджать ноги, иначе рискуете ушибиться головой о козла палатки, которая крайне узка и низка. Татарин продает кумыс в бутылках и штофах; наливает его в деревянные чашки, хвастается тем, что целого штофа не выпьешь,— при этом покажет сначала на голову и покачает ею, а потом на ноги, прибавив:

— Неможно, а садись, а ноги неможно!..

Он, видимо, рад угостить своим добром, уверяя, что кумыс не свежий, а уже достаточно выбродившийся, что напиток этот очень здоров, и при этом расскажет случай, как один барин из Петербурга приезжал к ним пить кумыс эдаким (татарин показал валяющуюся на ковре соломинку), а на зиму уехал вот каким (татарин размахнул руками насколько можно было в его узенькой палатке). Вы потчуете его папироской, он берет, но не курит.

— Отчего?

— Жена... бранит!— говорит он в ответ, указывая на свою старуху, почти всю укутанную в какую-то темного цвета тряпицу. Татарка в это время доит кобылицу.

Мимо мечети и рядов, наполненных целыми кучами невыделанных кож, где хозяевами сидят исключительно одни татары, можно пройти на сибирскую пристань, с которой во время ярмарки производится отправка пароходов всех четырех обществ, которые и имеют здесь, по этому случаю, свои временные конторы. Но здесь, кроме огромных груд всякого товара, бесчисленного множества возов, то и дело прибывающих и отъезжающих, ничего не встретишь, но зато ясно видится результат ярмарки. Это, кажется, единственное место, где она принимает свой настоящий вид. Тут уже нет тишины, тут уже не видно прогуливающихся, как в гостином дворе, но все это труд. Здесь суетливость не бесполезна, но направлена к известной, прямо положительной цели. Если утомителен этот однообразный вид ломовой работы, вид рогож, веревок, крючьев, поспешите на ярмарку — там, вероятно, уже играет по рядам музыка, направляющаяся к главной цели своей (на целый вечер) под арки Главного Дома. Но пройдите все ряды два, три, несколько раз взад и вперед и здесь не найдете ничего оригинального, резко бросающегося в глаза. Всюду страшное однообразие, к какому привыкает столичный житель и какое дня на три-четыре еще может занять провинциала, незнакомого с разнообразиями суетливой, деятельной жизни. Здесь те же наряды и то же гулянье, те же перерыванья в лавках, одним словом, все то же, как и везде, и Нижний в этом случае не представляет ничего самобытного. Вот проскакал на лихой паре соседний богатый помещик, который привез с собой много денег для покупки и других экстренных расходов. Вот рыщет целая компания нижегородских чиновников, явившаяся погулять до позднего вечера, чтобы потом в общественном неуклюжем омнибусе выбраться на подъем в городе и разбрестись по всем этим Варваркам, Покровкам, Печоркам... Вот отца семерых детей вытащила его хозяйка, вырядив в праздничную сибирку и заставив расчесать седую бороду. Впереди родителей идут дочки молоденькие, хорошенькие, в пух разряженные; какой-нибудь приказчик или сын знакомого при встрече с ними сгорит со стыда, неуклюже сдвинет шляпу и, страшно кобенясь и поглядывая искоса, раскланяется и зашершит по песку ногами. Вот вырядившийся по последней моде приказчик вышел кстати из своего магазина — людей посмотреть и себя показать.

Магазины по всем главным линиям хорошо обряжены, с теми же огромными зеркальными стеклами, за которыми выставлены всевозможные приманки для гуляющих покупщиков. Вот, наконец, и этот человек, всегда небритый, вечно общипанный, всегда веселый шутник и всеобщее посмешище, без которого едва ли в состоянии обойтись хоть один в свете гостиный двор; для него шутник едва ли не столько же необходим, как и разносчик с лотком, наполненным всякою снедью. Человек этот или, лучше, жизнь его достойна подробного описания, потому что это один из тех людей, которые в молодости подают кое-какие надежды, но к старости, в зрелые лета, делаются ни к чему не годными и достойно заслуживают осмеяния и шуток порядочного человека. Эти люди в частностях не похожи друг на друга, но в общем поражают вас изумительным сходством. Главная цель их — добыть, вымолить у вас возможными шутками небольшое количество денег, достаточных для того, чтобы к вечеру быть пьяным. Это какой-нибудь прощелыга, забубённый забулдыга, по выражению простого народа,— кабацкий завсегдатель, попрошайка, вот как бы, например, и этот человек, которого вы каждый год встретите на Нижегородской ярмарке. Без него даже сомнительною кажется полнота ярмарочных удовольствий для торгующего класса. Приехал он за весьма сходную цену. Переночевав где-нибудь в канаве, он на другой же день спешит отправиться для обревизования ярмарочных трактиров и находит их решительно набитыми посетителями. Забулдыга самодовольно улыбнулся, отошел в сторону, вытащил из кармана берестяную, ветлужского производства тавлинку[28] и угостил себя до слез костромским зеленчаком, потом оправился и подошел к первому столу.

— Бедному прохожему!— говорит он, протягивая руку.

Его не слушают, а если и слышат, то не дают ничего. Он направляется к другому столу и уже успевает обдумать новую фразу для просьбы. Лицо его искривляется улыбкой; он кладет голову на плечо, делает возможно смешную гримасу, руки прячет назад и разбитым голосом говорит гостям, которые пьют водку:

— Попросил бы я у ваших степенств рюмку водки, да ведь, поди, не дадите.

Шутка попала прямо в цель с полным успехом — шут крякнул, выпив рюмку, и начинает опять:

— Вот теперь — так хоть на спор готов идти с кем угодно, что не дадите другую!..

И эта шутка удается ему как нельзя лучше: с ним начинают шутить, над ним смеются; он входит в свою роль и, будьте

---

[28] твлинка — табакерка для нюхательного табака. "Колдун"

покойны, не останется в накладе, то есть получает третью, иногда четвертую рюмку, после чего ему уже сердито и грозно приказывают отойти прочь. Он громко стучит ногами, повертывается на каблуках, руками шибко ударяет по боку и марширует с выкриком "раз — два, сено — солома" к соседнему столу, перед которым вытягивается в струнку и выкрикивает громовым голосом:

— Здравия желаем, господа купцы именитые, благотворительные! Жертвуйте старому кавалеру пятиалтынный на подметки!..

По окончании такой речи он спешит даже показать свои измызганные сапожищи и, получив просимое, делает опять налево кругом и таким образом обходит все столы, перед каждым придумывая новые шутки. К вечеру он уже, что называется, готов и валяется где-нибудь за рядами до нового утра, с которого опять начинается его побирайство.

В середине ярмарки человек этот бог весть откуда успеет набрать целый оркестр музыкантов, состоящий из двух татарчонков со скрипками, разбитыми и ни к чему не годными. Но забулдыга об этом нисколько не заботится. Он сам берет лукошко, обтягивает его кожей наподобие барабана, барабан этот ставит под ноги, в руки берет гармонику, садится на стул, татарчонкам велит играть что им придет в голову, сам же гудит разладицу. Татарчонки пляшут, он вздергивает плечами и свищет; нескладная музыка гудит, пищит, щелкает. Оркестр готов. Сам капельмейстер играет разом на трех инструментах, товарищи его играют и вместе с тем пляшут — чего же лучше? Цель достигнута, все смеются его выдумке до тех пор, пока она достаточно не наскучит, и бросают в шляпу подставного мальчишки-попрошайки трехкопеечники, пятачки, гривенники, а в счастливый час и полтинник. Мальчишки дня на два сыты, сам капельмейстер пьян, и все, стало быть, остались при своем и не в убытке.

Между тем незаметно настает вечер; густой мрак опустился на всю ярмарку и ее окрестности; ярче других мест освещены площадки перед Главным Домом, где толпятся неопределенные тени, с одной стороны для найма извозчиков в город, с другой — с таинственною целью. По бульвару шмыгают взад и вперед другие тени; некоторые сидят на скамейках — сколько позволяет различить это тусклый свет фонарей, слабо мерцающих у гостиного двора, который весь уже заперт, кроме пяти-шести чередовых магазинов. Хозяева их забрались наверх своих номеров, где в маленьких комнатах пьют в десятый раз чай и ужинают вместе с главными приказчиками. Хозяева скоро лягут спать, приказчики... но не трудно сказать, как они проводят время отдыха в ту пору, когда хозяева их спят непробудным сном: приказчики закатываются в Кунавино, в места подешевле, чтобы не столкнуться с "самими".

Вот уже в редких окнах над лавками мерцают огоньки, бросающие свой слабый свет на бульвар и мостовые. Под арками Главного Дома еще гремит некоторое время музыка и толкается огромная масса гуляющих. Музыка к десяти часам кончится. Персияне и армяне к одиннадцати спешат напиться чаю и, закусив всухомятку, запереть свои магазины, чтоб тут же улечья спать до другого утра, когда нужно вставать рано. Толпы гуляющих после ухода музыкантов делаются все реже и реже, под арками становится тише, огонь гасится. Сквозь отворенную дверь к Оке несется прохлада, слышен стук сторожей в доски, дальний лай собак из города и последний звук рожка отъезжающего омнибуса.

КОЛДУН

Колдуны — не всегда ловкие плуты, обманывающие темный и суеверный народ при помощи и своей сметки, которая дальше других видит и выше стоит, но также знахари, как остаток древних волхвов и кудесников, вызванные народною потребностию в качестве врачей и значении целителей от действия всякой вражьей силы. Не всякая болезнь, по народным понятиям, зависит от себя самого, но большая часть из них, почти все болезни происходят от злого духа; болезни его шалости, самого рук дело. Какие-нибудь поносы (понос, кашель, насморк) от поветрия, от простуд (да и то под большим сомнением), а стрелы, притчи, ветряной нос, даже нарывы, чирьи, другое многое — непременно от злого духа и злых людей: по наговору или с глаза, по ветру или по следу. Эти-то причины и должен разбирать достойный человек — знахарь. Настоящий колдун, колдун в собственном смысле, такие болезни умеет насылать, но он же знает и замок отпирать. Отпирают замок и простые знающие люди. Оттого-то ни одна болезнь и не лечится без наговоров, и ни один наговор без замка не бывает. Оттого-то нет более или менее живых околотков, где бы ни ходил слух о каком-нибудь колдуне, которые не всегда старики, но сплошь и рядом молодые люди и люди средних лет. В Великороссии только колдуны поубавились; колдунов еще очень много.

Чем глуше место, темнее народ, чем погуще леса и подальше большие города и торговые центры, тем вернее встреча с колдуном. В настоящей глуши они, впрочем, и сами не затрудняются объявлять себя и хвастаться (в чем, однако, ради барышей и корыстей, их существенный и главный интерес личный). Взглянет в лицо да и скажет: "Счастья у тебя нет, а коли злых дней не запомнишь, значит, чужим счастьем живешь", а разговорится, то и начнет хвастать: "Мужа с женой поссорить грех, для того что союз-от богом благословенный, а поссорить парня с подругой не грех, то я и могу сделать, а как — про то не сказывается". Вот таким-то доточникам и на свадьбах первое место впереди, чтобы прочищать дорогу к венцу, таким и на пиру первое место, первая чарка и особый почет. Это — одиночки.

Колдуны водятся, по архангельским слухам, в Кореле (между корелами), по уральским заводским известиям, колдуны целыми деревнями живут в отдаленных и глухих местах Чердынского уезда (Пермской губернии), оттого и существует поверие и присловье, что чердаки-колдуны, чертовы знахари, там на Ивана Лествичника (30 марта), когда домовой бесится, и они, один раз только в году, замирают. Но там же, на Урале, те самые невинные коновалы, у которых и инструменты все на виду, коновалы, которые толпами выходят на восток (в Сибирь) из Кологривского уезда (Костромской губернии), делаются на время колдунами и слывут таковыми вовсе не по заслугам и без всякого права.

Не про этих промышленников, но про двух из настоящих и присяжных колдунов рассказ наш, основанный на недавней были, к сожалению, окончившейся так неожиданно. Придумали на колдуна лекарство, но не из той аптеки взяли, вопреки указаниям и советам здравого смысла, а где слепой слепого водит.

* * *

Черным, полусгнившим и надломившимся в середине домишком глядит кабак Заверняйко в глаза всякому проезжему по тому дальнему и глухому проселку, где поставила кабак этот насущная потребность окрестного люда и личный произвол туземного откупа. Судьба поставила его, по обыкновению, на тычке — бойком месте, и хотя кругом пошли пустыри да лес, да поля и ближайшие селения далеко ушли в сторону, тем не менее сюда забежит и соседний мужик праздничным делом пропить накопившуюся за неделю бешеную копейку, и извозчик, везущий ближним путем купеческий товар, и ямщик туземной власти, осчастливленный, милостивым снисхождением своего седока, выбежит оттуда, обтираясь рукавом, покрякивая и похлопывая себя рукавицами по бедрам, как и всегда.

В кабаке Заверняйко народная сходка. Бестолковый крик, покоры и перебранка мешаются с песнями, бойко и голосисто затянутыми, не вовремя и глухо кончаемыми. Громкий гул этот, вырываясь в отворенную дверь и открытые окна, возбуждает со стороны проходящих некоторые замечания:

— Путиловские землю разделили, мироедов поят...

— Больно уж распоясались-то. Ну, да ведь и то, парень, молвить — удельные.[29]

---

[29] удельные — крестьяне, принадлежавшие казне и, следовательно, не знавшие власти определенного владетеля. По понятиям окружавших

— Пущай гуляют: ихнее дело дворянское, как есть господа, а мироеды-то наши, народ теплый, на повадке... к бражничанью-то!

— Да уж это святое твое слово, чай, ведь и Еремка тута!

— Где ему, ледащему, не свои полати: на всех перепутьях первая кочка, завсегда!..

— Зайдем, паря, взглянем!..

— И то дело! Может, еще и попоштуют! Чай, уж все в загуле!

— С утра еще забрались, как, чай, не в загуле. Пойдем, взглянем...

Перед глазами входивших — старые, давно знакомые виды, с которыми не расстаться русскому человеку вовек ни в одном из питейных: прямо полки со стеклянной четвероугольной посудой различных величин и цветов и по ним печатные надписания. Стойка потертая, просаленная, напротив,— мрачный и грубый целовальник в сторонке, недалеко от него парнишка-подносчик — пропащий навек человек; дверь сбоку, ведущая в квартиру целовальника, кругом лавки, на этот раз пропасть народу пьяного и потому говорливого. Все в шапках, картузах или шляпах, все до единого заняты разговором. Только двое вошедших составляли исключение, и то ненадолго: они были замечены тотчас же, как показал голос, вылетевший из середины толпившегося подле стойки народа:

— Первачки пришли, пропустите! Эй, ребята, полезай вперед, вы... соснинские!

— Пошто вперед? Нам и здесь ладно!

— Подходи, ребята, к стойке, пей за путиловских. Путиловские целую полку откупили, станет на вас!

— Нету, не надо, пошто? Мы ведь так зашли по себе, не надо, не просите!

— Пей, знай — не ваше дело, после сочтемся.

— Нет, да нельзя ли уволить, пошто пить? Не надо!

— Помни, знай, да берись за свое, не то и без вас выпьем!

— Не просите лучше, не надо, благодарим покорно!

— Сказывай спасибо, когда выпьешь, а теперь, знай, пей за путиловских, дело-то мы их порешили. Любовное дело вышло, знай, пей, не заставляй кланяться.

— Не так ли лучше, полно? Мы... по себе зашли. Ну, да, знать, ладно, быть по-вашему, давай за путиловских выпьем.

И опять все смешалось и перепуталось в общем гуле и

помещичьих крестьян, "казенные" считались едва ли не вольными хлебопашцами.

сумятице, только целовальнику, может быть, не всегда, впрочем, любознательному да, наверное, двум соснинским мужикам могли броситься в глаза несколько мужиков, составляющих цель предпочтительного, общего потчеванья. Между ними один был веселее и бойчее других. Он то поиграет на балалайке, то врежет бойкое замечание в толпу мужиков и поворотит весь разговор в другую, желаемую им сторону, то подойдет к стойке и потребует новую свежую посудину на потребление, то взвоет песню, то опять идет к стойке. Глядит решительным хозяином-распорядителем настоящей попойки. Соснинские мужики подошли к нему и заговорили:

— Что, брат Еремушка, как?

— Что как?

— Ты... тово, здеся?

— А то нет, что ли, не видишь?

— Что, дело-то порешил, значит?

— Какое дело?

— А путиловское-то?

— Ну?

— То-то порешил, мол?

— А вам-то что?

— А ничего, Еремушка, как есть ничего...

— Видели вы, братцы, воров-то соснинских?— кричал Еремушка уже вслух всей компании, вытащивши пришедших мужиков в середину.— Вот божье рождение, все как следно, с руками и с ногами, и голова есть, а не то, потому, значит, господский народ. Спроси ты его по суду, например,— не ответит, не сумеет, потому подневольный, выходит, человек, речи своей он не имеет.

Еремушка кончил, толпа молчала. Соснинские мужики стояли, понурив головы, словно громом пришибленные, а может быть, и потребленная на чужой счет водка отняла у них право говорить свое. Может даже быть, что они не смекнули сразу, к чему повел речь затронутый ими знакомец. Еремушка явился перед ними с водкой и продолжал свое:

— Вот они теперича выпить должны, потому водка речь дает, а опять-таки у них мирского суда нету — подневольный народ. Дай ты ему, выходит, землю: на, мол, твоя она, он и возьмет, хоть по всей-то по ей камни прошли, возьмет и камни зубами повытаскает, потому самому, что господскому человеку не велят рассуждение иметь. Сказали — и делай! Так ли я говорю, святые человеки? Не вру ведь...

— Да ты пошто это про нас-то, Еремей Калистратыч,

теперича-то? Наше дело известно, в барской воле состоим, ему повинны, все от него — и суд от него...

— Не на мое ли же опять вышло, так ли я начал-то? Так, стало быть, и будет! А вы пошто у барина-то управляющего нового не просили?

— Большаки отказали: старики не пошли.

— А пошто стариков слушали? Пошто не пошли сами? Сказывал ведь я вам, как надо-то? Так вишь: сами, мол, с усами, а дураки, дураки несусветные.

— На совете твоем спасибо, потому тебе и угощение тогда предоставили, а сталось вот так, что не пошли...

— Вот и выходит опять, стало быть, по-моему: подневольный вы народ, речи у вас своей нету, воли нету... пропащий вы народ — вот что.

— Да ты пошто это говорить-то зачал? В другую бы пору когда... а то, вишь, народ всякой...

— Народ этот — свой. Народ этот такой теперича, что вот три года землей-то не помирили промеж себя, а пришли ко мне: приставь, слышь, голову к плечам, научи! И давно бы так. А мне что? Я таков человек уж от рождения, что для свово брата православного жену куплю да на кобылу выменяю, только что вот светлых-то пуговиц не ношу,[30]— сделал дело, как следно. Вот потому и пьем, целой кабак для меня откупить рады!..

Без меня бы, слышь, ребята, ни Матвей, ни дядя Евлампий, ни Тит, ни Гришутка ничего бы не поделали, а со мной и каша уварилась!— говорил он уже шепотом на ухо разгулявшимся мужикам.— Вот теперича мы песни станем петь, а утре я опять к вам зайду — и опять потолкуем!..

В ответ на это соснинские мужики тяжело вздохнули и, махнув руками, отошли в сторонку. Еремушка уже расстилался вприсядку и весело взвизгивал, как человек, у которого в эту минуту не было никакой заботы, кроме насущного потребления водки. Соснинские мужики вполголоса перемолвились:

— Не дело он, парень, затеял, не так бы ему, парень, говорить-то надо!

— При чужих-то, вестимо, не ладно!

— Не ровен черт управляющему-то молвит, опять загнет...

— Загнет, паря, беспременно загнет.

— Не надо бы эдак-то, вслух-от!..

— Вот то-то не надо бы, больно не надо бы!

---

30 светлые пуговицы — блестящие форменные пуговицы, принадлежность мундира государственного или земского чиновника.

— Сам зачинщик — сам и ответчик, пущай так и станется.

— Эх, паря, не заходить бы нам сюда-то!..

— То-то не надо бы — по себе бы лучше!

— Уж это известное дело!

— Ну да ладно, нишкни дока. Смотри вон, Еремушка-то пляску задал, каково, нали[31] смехота берет! Вот как!.. Что в ступу!.. Колесом пошел, на все парень руки! Огонь!

Кабацкая толпа представляла в эту минуту решительный хаос: крепко трезвый человек не нашел бы тут ничего общего и толкового; все перемещалось и перепуталось, как и бывает это всегда на всякой пирушке, где православный люд живет прямо по себе, своим доморощенным толком и на своей редкой, но дорогой воле. Только одни кабаки видят эти бесконечно веселые картины, всегда, впрочем, поучительные и глубоко знаменательные.

Наступили сумерки; внутренность Заверняйко, по обыкновению, мрачная и грязная, сделалась еще мрачнее, но зато стала представлять более оживленную картину. Весело было всему собравшемуся здесь люду под задорную песню гуляки, подхватившего ухо и встряхивавшего хохлатой головой, и другого, выбивающего всей пятерней веселые трели на балалайке. Вся ватага представляла на этот раз одну дружную, согласную артель, из среды которой выделялись только две фигуры, по-видимому, не принимавшие живого участия в общей попойке, где всякий встречный — по обыкновению русского человека — гость и побратим, святая душа. Этим двум как-то и дела нет до того, что творится вокруг, и как будто дивились они и непонятным казалось им, отчего и из чего бесятся и пляшут в задорном загуле все остальные посетители веселого Заверняйко. Собираются ли они здесь на ночевку или выжидают конца общей свалки — решить пока трудно, тем более что гульба принимает еще более оживленный и шумный вид. Слышались поощрения, подзадориванья, ободрительный крик и хохот.

— Ну-ка, Иванушка, прорежь еще задорненького-то, да знаешь, эту-то... разухабистую.

— С ломом-то, что ли, которая?

— Айда!

Рябой, худощавый парень распоясывался, откашливался, прорезал стаканчик задорненького, становился фертом, бил дробь ногами, с гиком приседал, выкидывая из-под себя то правую, то левую ногу далеко вверх; бешено вскрикивал,

[31] нали — так что, даже.

выгибая плечи, и летел в таком виде от двери к стойке и от стойки обратно к двери. Общее внимание исключительно было устремлено на него.

По окончании пляски снова выковыривалась пробка крючком целовальника, снова наполнялись и опорожнялись стаканчики, снова гудела песня, снова визжал и трещал пол от задорной пляски и снова оглушительный крик и хохот еще сильнее, еще чаще выносился из дверей кабака Заверняйко в лес и на опустелый, глухой проселок. Но по-прежнему молча сидели оба мрачных гостя, словно выделенные, словно попавшие не на свое место: черный, словно цыган, старший мужик и худощавый, но с плутовскими глазами, приспешник его — парень-подросток. Старший покойно и незлобиво созерцал все, что происходило перед его глазами, младший показывал больше нетерпения и озабоченности. Наконец, не выдержал после того, как много перепелось песен, много выпилось вина другими гостями:

— Дядя Кузьма, дядя Кузьма! Не пора ли?

— Чего пора?

— К ночи, вишь, пошло, негоже!

— Что больно?

— Пора, дядя Кузьма, ей-богу!

— Помани маленько, дай уходиться: ишь, гульба какая ходит. Разговоры еще у нас будут, не про всех!.. Чего тебе?

— Боязно больно!

— Чего такого? Черт ты, право, черт, вот и все!

— Знобит, дядя Кузьма! К ночи, вишь...

— Ну да ладно — поставь поди, и мы шорканем по-ихнему. Ставь ступай косушку на первую пору!

Парень, видимо, рад был разрешению, и он, и черная борода дяди Кузьмы виднелись уже у стойки. Последний между тем разговаривал с целовальником.

— Что больно сердит ноне, Кузя?— спрашивал целовальник.

— Всегда ведь такой, как от матери вышел,— сухо и отрывисто отвечал тот.

— Чей это молодяк-от с тобой?

— Дальной.

— А чей такой?

— Не здешной.

— Сердит ты, Кузя, право слово, сердит, не видал тебя эким, а и давно мы дружбу ведем.

— Всегда такой, всегда такой — и вчера, и завтра,— так же

неприветливо и неохотно отвечал дядя Кузя, но целовальник стоял на своем:

— Не учить ли парня-то думаешь, али просто погадать он к тебе пришел?

Но дядя Кузьма был уже опять на старом месте и опять молча созерцал играющую перед ним картину до той поры, пока целовальник не положил ей конец повелительным криком:

— Будет благовать-то, ребята, надо и честь знать, запираюсь, спать ложусь.

— Дай, последнюю споем!

— Будет, наслушался! Допевай на поле — там привольнее.

— Давай еще выпьем на тебя!

— Нету вина у меня: час не показаной!

— Экой ты какой лешой — ходить к тебе не станем.

— Не пугай — придешь.

— Идем, братцы, наплюем ему, рыжему черту, в бороду. Забирай ребят-то, кто из вас пободрее!

Вскоре вся ватага вывалила вон. Дядя Кузьма и его приспешник видимо ожили: первый стоял уже у стойки и, засучивая рукава и покрякивая, говорил целовальнику:

— Вот теперь и мы с тобой поведем разговоры, давай-ка покрепнее-то которой, да вспень его, мошенника, пусти искру.

Явился штоф и три стакана. Выпили. Целовальник начал первым:

— Смекнул ведь я даве-то: чужой, мол, народ есть, оттого, мол, и дядя Кузя сердитой такой.

— Ну как тебе не смекнуть? Плут ведь ты, недаром рыжой-от со сковороды соскочил.

— Что, мол, парня-то на выучку, что ли, взял?— спрашивал целовальник вкрадчивым, льстиво-добродушным голосом.

— Тебе, дядя Калистрат, что бабе: все сказывай, до всего охоч. Задорен больно!

— Уж и ты лихой черт, что глухая старуха — все про себя да на себя.

— Гадает!— отрывисто ответил дядя Кузьма и указал бородой на приспешника.

— Аль зазнобило?— спрашивал Калистрат. Парень молчал.

— Его знобит только с холоду, а от этого, чтобы от девок там... не бывает, не такой!— ответил за парня дядя Кузьма.

Сам молодец только ухмыльнулся и почесал затылок.

— Что это не видать тебя, Кузя, с неделю никак не бывал у меня?— спрашивал целовальник.

— Наше дело известное: все со своим ремеслом. В Митюхино — поля звали опахивать — ходил.

— А что у них неладного-то?

— Скотина, вишь, падала; пришли да и взмолились. Поучи, говорят, нету-де таких-то, чтобы указали, как надо. Три рубля на серебро выговорил — показал на девок. И уж девки же там, паря, что репа! Вырезали, слышь, этой бороной полосы вершка на два вглубь, что лошади! Ядрень-девки такие, что не привидывал.

— Ну да тебе, цыгану-то, и на руку.

Слушатели засмеялись, и даже на сухом каменнном лице самого дяди Кузьмы прыгнула улыбка, выказавшаяся легонькой дрожью губ и левого глаза.

— Будет, Калистрат, ты нас не держи, нам пора!

— Постой: поговори, посмеши!

— Вдругорядь приду, а теперь не до смеху, нечего и распоясываться по-пустому. Спозаранку ничего не ел, да, знать, и до утра так-то. Ты нам водки с собой отпусти, утре занесем посудину-то, да ведерко дай, да кочергу...

— Ну, Кузя, что ни говори, а парня учить ведешь.

— Не будь ты Калистрат, сказал бы я тебе такое слово, чтобы ты у меня до утра не прочихался. До завтра небось не хватило б тебя подождать-то. Экой народ! Давай кочергу-то, да золы, да соли!

— Не сердись, будет по-твоему.

— Сказано: смалкивай, невестка,— сарафан куплю; ну и цыц, пострел, коли кашу съел. Идем, Матюха, Калистрат не переслушает всего-то, на него хоть намордник накидывай: по неделям, разиня рот, охочий слушать...

С тем и вышли.

Черная осенняя ночь, не возмущенная ни одним порывом ветра, ни одним людским криком или говором, была уже на дворе. Еще чернее ее стоял вдали лес без просвету, без звука, словно творилась в нем великая тайна и выжидалось оттуда страшное чудо.

Смело шел по его направлению дядя Кузьма, робко плелся за ним его приспешник-парень. Прошли поляну, прошли перелесок, не проронив ни единого слова. Вступили в лес; дядя Кузьма начал первый таким сиплым голосом, как будто не выходил он из кабака несколько суток и не спал он эти сутки в бешеном загуле:

— Помнишь ли зачуранья, как я тебе даве сказывал?

— Помню, дядюшка!— отвечал Матюха таким робким

голосом, как будто смолоду били его и забили в нем всякое смелое, самобытное слово.

— Сказывай!— резко выговорил дядя Кузьма. Парень молчал.

— Сказывай про китов, на которых земля держится, сказывай поскорее: скоро, гляди, кочетье взопят.

— Это не страшно: отпустил душу — скажу. На тех китах земля стоит,— начал Матюха более смелым, хотя еще и дрожащим голосом.— Один кит потронется — земля всколыхнется, а все-то вместе — в тартарары пойдем; один помрет — все туда же пойдем,

— Что китов держит?

— Огненная река.

— Что реку держит?

— Дуб железный.

— Куда солнце на ночь уходит?

— В златотканые чертоги на востоке; там стоит Буян-остров, и живет в нем змия Македоница, всем змиям старшая, на зеленой осоке сидит птица, всем птицам старшая, и ворон, всем воронам старший брат, и стоят там реки-кладези студеные...

— Сказывай дальше про Афонскую гору!..

— На горе Афонской дуб стоит ни наг, ни одет, а под дубом тем живут семь старцев, семь ставцов, ни скованных, ни связанных. И приходит один старец и приносит семь муриев[32] черных и велит их взять и колоть. И клюет тех муриев птица Гагана. И лежит там бел-горюч камень Алатырь, и излизывают тот камень лютые змии весь и ядовиты летом и через всю зиму оттого сыты бывают,

— Ладно, побратиме! Обернись назад, снимай крест да и клади под пяту в лапоть и — не оборачивайся.

— Теперь, Кузьма Семеныч, что хошь сделаю все по твоему, по велению — мне-ко што: не ругались бы над тобой опосля, а то все сделаю,— говорил Матюха задыхающимся голосом и как будто сквозь слезы.

— Лишнего говорить не надо. Становись и сказывай: "Отдаю себя в руки дьяволам",— перебил его дядя Кузьма.

Матюха сделал все, как указал ему тот: выворотил рубаху наизнанку, левый лапоть надел на правую ногу и обратно, два раза перевернулся через голову, опять сказал после всего старое заклятие и обернулся лицом на запад, по приказанию и при словах учителя:

---

[32] мурий — муравей.

— Пройдет день на вечер, вынь ты тот крест на ветер, на стену повесь, и придут к тебе дьяволы. Для того ты спать ложись, не молясь, не крестясь. Придут — не придут; сказывай им, что я учил; примут и учить тебя станут по-всякому. А вот тебе соль и кусочек; соль наговорена, кусочек — страшное дело: потеряешь — дня не проживешь.

Видит Матюха, что соль как соль, и кусочек поменьше горошины, и кусочек этот не то сосновая сера, не то воск или вар, липкий такой.

— Зачем соль-то, дядюшка? Пущай вар, терять его, значит, не надо.

— На соль шептать надо то, что хочешь супротивнику твоему сделать: сохни, мол, тот человек, как эта соль сохнуть станет; отступите, мол, дьяволы, от меня и приступите к тому человеку, а мне-ко, мол, благо. И ступай на дорогу или в избу ступай, где тому человеку идти надо будет, и зарой ту соль, и не вдолге опять сходи, и вырой и скажи: "Подите, дьявольщина, прочь от меня". И крест надень. А супротивнику твоему будет скорбь и сухота. И вот тебе слово мое крепко. Чурайся, как учил с утра; говори за мной!

— Стать мне на месте, быть ведуном, знали бы меня люди и боялися — добрые и злые, неведомые и знакомые, и всякая душа человечья, и зверья, и птичья. И будь то чистое место, на котором стою, нечисто, и будь тот ветер, на который дышу, поганым. Слово мое крепко, запечатано, заказано, замок, замок!.. Аминь, аминь, аминь!..

— Ложись и не вставай, пока не взоплю!

Матюха лег навзничь и долго лежал, пока дядя Кузьма говорил над ним много всякого вздору, какой только лез в его голову, и руками махал, и кричал совой, и глухо лаял собакой, мяукал кошкой, как и всякий другой искусник, которых так много ходит по белому свету на смех и забаву доброго православного люда. Другой раз тот же бы Матюха поджал живот от смеха, махал бы руками и надрывался бы до слез и кашля; теперь он лежал на земле, не шелохнувшись, и когда поднялся по приказанию хозяина, по щекам его текли обильные слезы. Учитель понял их по-своему.

— Плачь, Матюха, пока слезы текут; тут не токмо человек, и кремень возрыдает. Знай же раз навсегда, что теперь ты колдун стал и будет тебе все по желанию по твоему. С тем и пойдем опять к Калистрату.

Сосредоточенно, молчаливо шли они перелеском, полем, проселком и выгоном; молча вошли и в кабак, где дядя Калистрат только что проснулся и, опершись руками на стойку, по временам зевал с выкриками и глубокими вздохами, вперив свой масляный взор в потрескавшуюся невыбеленную огромную кабацкую печь. Дядя Кузьма подвел к нему Матюху с самодовольным и смелым видом, промолвив:

— А вот тебе, дядя Калистрат, и новоставленный! Давай ты нам теперь водки побольше, да не казенной. А там, знай, указывай всякому и на него, как и на меня, знает-де, мол, и трясцу напускать, и домовых окуривать, и с лешими знается от мала до велика, что с братьями, и от дьявольских напущений способит. А смекнул ты вечор, да признанья спрашивал, больше матери знать хотел. Это не след, чтобы нашему брату все о себе сказывать, на то и голова у нас в кости скована.

"Откуда Кузя парня достал?— думал Калистрат-целовальник, проводивши гостей и оставшись один на один с собою.— Знаю я всякого народу много, затем и на тычке живу: ходят в мое жилье и господа проезжие, а из соседних баб все на примете, не токмо мужики. А нет, такого молодца не видал и не знаю. Надо быть, и впрямь из дальних",— решил целовальник и на том крепко задумался.

Раз запавшая с этой минуты мысль, не находя прямого исхода, не давала ему потом покоя. Много рассказывалось с той поры в Заверняйко разных историй, веселых и плачевных, проезжими мужиками, всегда откровенно-простосердечными и добродушными, а тем более еще под пьяную руку; но любопытный, приучивший себя прислушиваться к чужим толкам проезжего люда, целовальник не мог поймать даже намека на интересовавшую его тайну. Всегда нетерпеливый и в этом отношении даже беспокоящийся, Калистрат пробовал и сам задирать кое-кого из более толковых соседей кабака Заверняйко.

— Не знаете ли вы, ребята, парня такого, с Кузей хаживал, хохлатенький, что сам Кузя? Не то чтобы он рыжий, а эдак сивенькой и косой такой, что заяц; говорить не охочий и на вино такой крепкий, что тебе соцкий[33] любой, али бо и сам становой.

— Это какой же такой, ребята?— спрашивали обыкновенно мужики и друг друга и самого Калистрата.— Да у тебя-то часто бывает?

— Раз видел и наказ получил, чтоб сказывать, что и он такой же колдун.

— Ну а звать-то как?

---

33 соцкий, сотский— выборная должность для крестьян. Сотский выполнял в деревне полицейские функции.

— Матюха, никак.

— Матюха, вишь... да, может, кузнец!

— Ишь тоже, того-то знаем доподлинно, еще солью закусывает и в кармане ее на тот конец носит.

— Ну так дьячок.

— Про дьячков и не сказывай: весь причет знаю, заходят и они посидеть.

— Других не приберем.

— У извозчиков поспрошай, те доточней; нищую братию опять — те только, кажись, пегого черта не знают, а черного видывали.

Попробовал Калистрат спросить у нищей братии — нашлась такая дряблая старушонка, тихая, как агнец, на паперти церковной, бойкая щебетунья в кабаке придорожном, межидворница-сплетница во всяком селении, куда вводят ее страсть к бродяжничеству и попрошайству и сердоболье ко всякой бабе деревенской, плаксивой и вечно недовольной своим настоящим.

Калистрат только заикнулся: "Не знаешь, ли, мол, того-то и такого-то, с тем-то, мол, ходит",— нищенка и досказать не дала:

— Мне чего не знать, Калистратушка, так обидно нали просто, выходит, в землю ложись и гробовой доской накрывайся. Матюхой звать, Иванов сын, в Питер ходил — не поладил, назад пришел, полюбовница за солдатами в поход ушла, косой...

— Да ты постой, постой, сказывай по порядку,— перебил защебетавшую побируху целовальник.

— На ухо тебе молвить, да не при всех, Калистратушко, не ладное дело с ним сталось: душеньку-то свою он в недоброе место продал,— шептала побируха.

— Знаю; сказывай по порядку.

— Косушечку от себя поставишь — всю подноготную поведаю, без утайки.

— Не стоим о том, а потому — нам знать любопытно.

Побируха подхватилась локотком, целовальник оперся локтями на стойку, и начался рассказ:

— Паренька-то этого я еще оттого помню, как с покойничком сынишечком со своим, с Михайлушком, миром побиралась, за христовым то есть подаяньицем ходила. Завсегда был сбойлив,[34] завсегда шустрый такой, что опосля того и не привидывала. Не пропустит это он ни единой старушечки, ни единой христовой сестры, чтобы не наскочил

---

[34] сбойливый — крепкий, плотный.

он на тебя. И либо тебе шлык[35] сшибет, либо котомочку-дароносицу оборвет, али бо костыль вырвет да и учнет на нем, что на лошадке, ездить. Бегаешь за ним, бегаешь, лаешь его, лаешь; уморишься ину пору до ручья кровавого. Пойдешь к батьке, нажалуешься, натреплет он его, нащиплет так, слышь, зайдется даже, в пене по полу валяется. "Я не бил,— говорит,— не вырывал костыля, не наскакивал,— говорит,— не дрался". Померли у него старики — зашибать стал, крепко зашибал: на базарах на этих, в обедни пьян, а и в свалках то и дело он первый задирает, опять же о святках девушкам проходу не дает — где он, там знай, слышь: поседка до первых петухов разойдется от его от окаянного от озорства. На становых писарей нападать стал, чего бы тебе, кажись? Постегали крепко-накрепко, и тут уйму не дался.

— Головорез, выходит! Бил, стало быть, на то, что прямо бы головой-то хохлатой своей да в петлю,— заметил от себя целовальник.

— Да уж это вестимо дело! В рекрута, Калистратушко, возили — вернулся ведь! Сказывали, и кос, мол, и левое-де плечо выше правого. Ни под какую стать и не подошел. Вот он каков угорелый человек есть!.. И жила у них тут в деревне девонька такая, Лукешкой звать, потаскуха. Из себя она такая бы видная и не рябая, да худую по себе славу по миру пустила. Становой ли, слышь, наедет, да хоть и в другой деревне встанет, соцкой под вечер у ней под окном завсегда падогом стучит. Одно тебе это слово; опять же другое: ни один человек ее в избу к себе не пускал — за своих за девок опасались, значит. И у Лукешки у этой по праздникам бы, что ли, а то и в будни не в редкую гульбу такую ребята наши пускают, что дым коромыслом идет. И стегали ее, и в волостное[36] звали, срамили всяким делом — все прошло с нее прахом, что с гуся вода. Все в глум взяла; пошла еще пуще того, что саврас без узды. Старики взялись за свое: стали ребятам наказывать, чтоб взяли бы ее да и бросили. Рекрутством пристращали. Так только и угодили тем: перестали ходить к Лукешке, и вою из ее избы не слыхать стало. И она стала что своя не своя, уходилась. И на то пошло: выйдет ли за ворота — ребята стали глум на нее напущать, позорили, ворота дегтем мазали. Выходить перестала. Идешь, бывало, за своим за мирским подаяньем — сидит себе под оконцем да песенки про себя поет-потешается, и ни тебе у ней

---

[35] шлык — женский головной убор.

[36] волостное правление, состоявшее из волостного старшины, старост и писаря, ведало делами сельского округа.

прялка в руках, мотовильце бы какое: сидит себе барынькой коптеевской и знать не знает. Худеть, глядим, начала: со скуки, мол, плакать стала, у оконца-то глядючи на бел на свет. Со кручины, мол. А сама хоть бы те ногой к кому за советом, со тоской со своей. Все одна. Стали замечать, что Матюха, этот озорной, допрежь надругался над ней, а тут ни с чего сблаговал: стал под окошко к ней ходить, разговорами ублажал, а там поглядят: не думаючи, не гадаючи, и в избу к ней залез, да с той поры почесь и не выходит, и долго бы и по времени-то. А поваженой, вестимо, уж, мол, что наряженой: отбою не бывает.

Обворожила это его девка, обложила это его красотами своими, что ни входу, ни выходу ни ему, ни другому кому. Стали по деревне слухи такие ходить опосля, что, мол, они уж и согласие друг другу сказали, на женитьбу то ись, и на улице показывалися рука об руку. У Матюшки и блажь эта озорная прошла, думчивой такой стал, смирный: не лается, не дерется, за одним делом ходит. Все бы это так и было, да поставили на ту пору в деревню ихнюю солдатов. Уж известно это, Калистратушко, в деревне солдаты на постое встали, завивай горе веревочкой: держись мужики крепче зубами за женкины понявы и ворота припирай плотнее.

— Солдат не дает маху: известно, целыми деревнями бабы на проводы выть выходят,— примолвил Калистратыч.— Сказывай дальше!— И Калистратыч махнул рукой и повесил голову.

— Пришли эти солдаты, родной человек, расставили их это по избам. В Лукешкину не поставили. Наша сестра, известно, сейчас на огляд: который лучше, да у которого усы черные, да круче вьются, который опять краше фертом стоит у ворот. Все берут на примету и бабы и девки. Матюшка ровно того и ждал, что и Лукешка от других не отстанет. Она первая. Торчат солдатские усы в ее оконце что ни день все те же, хоть ты что хошь. Матюшка опять в озор! Побился с солдатом-то до крови, по начальству ходили. И Матюшку в управе постегали, и солдата тоже. Да Матюшке не впрок пошло — девонька его другого приучила, и с тем подрался, а ушел полк-от из деревни, и Лукешка за солдатом увязалась. И с той самой поры что в воду канула. О сю пору ни привету, ни ответу. Матюшка только, слышь, догнал ее где-то на дороге да поколотил шибко, тем-де душеньку-то свою и отвел.

И еще пуще опоследях закручинился Матвеюшко, а отошел, стал присватываться — ин нейдет никто. Тому не гож, этому не ладен, той бы и под стать, так, вишь, за дурости-то за его поопасовались. Тут вот он и стал толковать неладное такое. "Хорошо ж,— говорит,— коли не было мне талану ни в чем, стану я искать в другом каком месте, а к вам,— говорит,— приду не такой, по мне, мол, либо полон двор, либо корень вон, а уж к лихому человеку понаведаюсь". И пропал из деревни-то, что Лукешка же его. Да вот в наших местах и нашел человека-то экого, Михея-то Иваныча. Я согрешила окаянная — и жилье-то его указала. У земского у Терентья, в Матюшкиной деревне-то, в Раздерихе-то, на то время, сказывали, денег тридцать рублев бумажками пропало, и на вора указать не смогли, а Матюшка-де Михею, слышь, може опять тридцать рублев за науку-то дал и через двенадцать ножей кувыркался: такой-де колдун стал! Да не наше это дело-то: поклеплешь, сказывают, на чужую душу — своей худо будет. У тебя в кабаке и деньги-то эти, слышь, отдавал Матюшка Михею-то, а я ведь не то чтобы... не для худа. Что сказывают, по тому и смекаем. А ты не бей, убогая ведь я, и зашла-то попрощаться — в Соловецки пробираюсь, кормилец! Порадей на убогое место копеечку во имя Христово!— выпела побирушка своим заученным плаксивым голосом в заключение рассказа и — получила-таки вспоможение.

Вернулся Матюха в свою деревню почти через месяц, стал показываться на улице веселым таким и далеко не сумрачным, как все предполагали. Вскоре стал являться и в избах, как добрый земляк и сосед, и на образа крестится не старым крестом, а все тем же — прежним.[37] И хозяев приветствует по обычаю и здравствуется добрым пожеланием: "Все ли добро поживаете, подавай вам, господи, добрым советом и согласием на века вечные".

Стали его спрашивать:

— Где это ты пропадал, Матвеюшко?

Молчит, как будто вчера только не был тут.

— Сказывают, стращал ты нас чем-то недобрым на отходе?

Улыбается Матюха и на этот вопрос и рукой машет, как будто отмахивает от себя все злые наветы и наговоры соседей.

Более любопытные и сомневающиеся уходили дальше и между разговорами, как будто невзначай, упоминали имя колдуна Кузьки. И на это Матюха отвечал решительным вопросом:

— Кто с такими негожими людьми знается?

— А в кабаке Заверняйко бываешь?

---

37 старый крест, прежний крест — старообрядцы крестились двумя пальцами, а все остальные православные христиане — тремя.

— Да коли на путь попадался да выпить хотелось — заходил погреться.

— А целовальника Калистрата знаешь?

— Рыжий такой да толстый? Видал.

— Он ведь Кузьке-то, колдуну, сердечный друг, все, слышь, краденые вещи от него принимает, за одно-де с ним.

— А кто их знает! — отвечал обыкновенно сердито Матюха всем одно и то же.

А сам между тем и в сельский кабак стал заходить после обедни и не буянил там, не запойничал. Сказки прежде охотник был рассказывать — теперь и красные девки не допросятся, не только ребятишки.

Лечить попросили его — на то-де знахари да знахарки живут на белом свете. Нанялся под конец в батраки на полевые работы, так никто против него не был ретивее в этих работах.

Стал, одним словом, Матюха совсем иным человеком.

— И лезет же вам, бабы, в шабалы ваши такое все несхожее да негожее,— толковали потом большаки,[38]— ну-ка место какое: Матюха-де колдуном стал! Да видано ли где, что колдуны в батраки нанимаются да от лечьбы отнекиваются. Охоч парень был до сказок да пригрозил в сердцах — вы и на толки нищей братии развесили уши. Было бы слушать кого! А то ишь что выдумали, непутные, право, непутные!...

Но и этим дело не завершилось — бабы творили свое.

На другой день Ивана Летнего вот что рассказывали они шепотом сначала друг другу по принадлежности, а потом и самим большакам:

— Агафья — барский подпасок — перед зарей на реку вышла и видела-де мужика на раменьях,[39] в рубахе без пояса и без лапоток, на босу ногу, ходит-де да траву какую-то щиплет. А как стала заря заниматься, мужик-то завернул траву эту в тряпицу, подпоясался и лапотки обул, а Агафья-де стала ни жива, ни мертва: мужик-от Матюха был, нечесаный такой, словно битый. Сказывают нищенки, что-де Адамову голову собирал, трава-де такая есть, что нечистых духов показывает, нарядными-де такими кукшинцами кажет, и при себе носить надо... И другое разное такое те нищенки сказывали...

— Нет, бабы, что-нибудь и так, да не так. Матюха сказывает, что на повете-де спал, а по ночам боится ходить, не токмо на Иванов день, когда и лешие бродят, и мертвые из гробов встают и плачутся,— решили мужики. И продолжали-

---

38 большаки — главы семей.

39 раменья — см. "Баклуши бить" (с. 382) в разделе "Крылатые слова".

таки горой стоять за Матюху и не опрашивали его потом ни одного раза, боясь рассердить и озлобить.

Когда, таким образом, мужики, всегда туго подающиеся на всякую бабью сплетню, примирительно смотрели на все, что говорилось про Матюху, сами вестовщицы не остановились на одном.

Еще спустя немного времени они опять перешептались между собою и опять окликали мужей новейшими новинками:

— Слышал ли, Кудиныч?

— Опять, чай, про Матюху да про колдунов?

— Нету, не про него, про Прасковьюшку.

— Чего с ней такого недоброго?

— Выкрикать стала.

— На кого?

— Не сказывает дока, а знобит-де ее болесть, начнется-то, мол, в горле перхотой попервоначалу и стоит там у сердца-то недолго — вниз скатывается, да и ухватит у сердца-то и нажмет его так, что и себя-де не взвидит и не вспомнит ничего, ругается-де затем таково неладно! От лукавого, мол, это, от напуску; душу-то де лукавый не замает, а все за сердце-то у ней щемит и таково туго, что сердце икать-де начинает, глаза под лоб подпирает; по полу валяется — мужики не сдерживают, откуда сила берется. Все ведь это от нечистого, все от него!

Немного спустя опять новые вести:

— На Федосьюшку икоту наложили, и она вопит; говела на Успенье, к причастию хотела идти — не пустила болесть. Степанидушка за обедней выкрикала, когда "Иже Херувимы" запевали, вывели — перестала. Просил у ней Матвей-от кушака, слышь, коломянкового запрежь того — не дала: за то-де...

Но и этим вестям мужики не давали веры; наконец, сами видели все и слышали — и все-таки стояли на своем, пока не втолковали бабы, что берет-де немочь все больше молодух, да и из молодух именно тех, к которым присватывался когда-то Матюха.

— И зачем Матюха,— прибавляли они,—им свой солод навязывал, когда станового на мертвое тело[40] выжидали и потому пива варили? Сказывал им Матюха, что мой-де солод сделан так, как на Волге делают, а потому-де и крепче. Чем же

---

[40] станового на мертвое тело выжидали — ожидали приезда полицейского чиновника для разбирательства о найденном на землях сельской общины теле убитого или самоубийцы.

наш-от худ, впервые, что ли, земских-то поим, и не нахвалятся?..

Задумались мужики, навели справки — вышло на бабье: Матюха продавал солод. Спрашивали его — не отнекивается.

— Зачем же?— выпытывают.

— Да залеживался.

— Много ли его у тебя было?

— Пуда полтора.

— Ты, Матвеюшко, дурни с нами не делай! Мы ведь люди крещеные.

— А я-то какой? А с чего мне с вами дурню-то делать? Не обижали ведь вы меня, а слово — не укор.

— Ну а бабы что тебе сделали?

— Бабы-то сделали? И бабы ничего не сделали.

— Ты, Матвеюшко, не обидься, коли мы тебя в становую квартиру с Кузькой сведем.

— Пошто обижусь? Сведите!.. А не то подождали бы малое время — мы бы... я бы позапасся.

— Да не надо, Матвеюшко, твое дело правое — не спросят, зачем запасаться?

— Обождите!.. Али уж коли на правду пошло — пойдем и теперь, пожалуй!— выговорил Матюха тем резким, решительным тоном и голосом, который заставил мужиков немного попятиться и с недоумением посмотреть друг на друга.

Пришли к становому. Спрашивает и этот:

— Опаивал, оговаривал?

— Нету.

— А сибирскую дорогу знаешь?

— Какую такую?

— По которой звон-от на ногах носят.

— Ну!

— А вот тебе и ну! Покажите-ка ему!

Зазвенели кандалы, Матюха попятился.

— В полчаса готов будешь; стриженая девка косы не успеет заплесть — зазвенят на ногах. Кузьму Кропивина знаешь?

— Не слыхал, а может, и знаю, ваше благородье.

— Пишите! В кабаке Заверняйко бывал?

— Там бывал, бывал не однова.

— Один?

— Не один, с Кузьмой бывал и с другими бывал.

— Пишите! На первый раз будет и с меня и с него.

С этого дня Матюха уже не был свободен.

Через пять уже лет, когда видели его и на большом

прогонном пути и на дороге в суд, сказывалось на площади во всеуслышание такое решение:

"Кузьму Кропивина наказать плетьми, дав, по крепкому в корпусе сложению, тридцать пять ударов, и по наказании отдать церковному публичному покаянию, что и предоставить духовному начальству; касательно до Матвея Жеребцова, то как Кропивин уличить его не мог ничем, а верить ему, Кропивину, одному не можно и за справедливое признавать нельзя и упоминаемый Жеребцов ни с допросов, ему учиненных, ниже на очной ставке, данной ему с Кропивиным, при священническом увещании, признания не учинил, то в рассуждении сего, яко невинного учинить от суда свободным и по настоящему теперь нужному делу посева хлеба времени и домашних крестьянских работ препроводить его в свое селение, а Кропивина содержать под караулом".

— На мир Матюхе клепать нечего — выручил мир, хоть и по самое горлышко в воде сидел. А Кузьке поделом — зашалился больно и меня ни за что, ни про что подвел — перепутался. Ну пущай посидел я немного в негожем месте, да у меня хозяева есть, хорошие хозяева, можно за них бога молить — откупили... то бишь оправили и опять в кабак сидеть отослали!— хвастался Калистрат-целовальник спустя уже многое время после того, как провели столбовой колдуна Кузьму.

— А примешь, Калистратушко, сибирку синюю купецкую? Не можется — выпил бы,— перебил его робкий голос одного из гостей-слушателей.

— Спроси хозяйку мою, сам не принимаю ноне...

— Что так, Калистрат Иваныч?— в один голос выговорили посетители.

— Да чтоб с живого лык не драли: теперь, брат, и я старого лесу кочерга и меня на кривых-то оглоблях не объедешь тоже — первая голова на плечах и шкура невороченая. Всякую штуку к бабе теперь неси, а мне-ка — деньги. Да и то, смотри, братцы, по-кабацки: что слышал здесь — не сказывай там. Прощайте-ко-с, запираюсь!

ПОВИТУХА-ЗНАХАРКА

Лежит мужичок на полатях — сумерничает: уповод[41] на дворе еще непоздний, и в избах не зажигали лучины. Лежит мужичок и нежится, сон не берет его, а лезут в голову разные мысли: вот хотелось бы ему пройтись по деревне набольшим, чтоб всякий давал почет и ему, и хозяйке-сожительнице. А то — он и в выборных бы миру не прочь послужить, лишь бы не в соцких только.

"Замотаешься!— думает он, да опять же и про набольшего надумал.— Не рука и набольшим быть — не выберут... Всякому, знать, зерну своя борозда, а давай нам тюру да квасу, было бы за что ухватиться и зубами помолоть... вот оно что! А что и бога гневить: хозяйство веду не хуже кого, всего вдоволь — и скота, и птицы, и землицей мир не обидел; вон и ребятенков возвел. Не морю их, не пускаю по подоконьям..."

Мужик повернулся, скрипнул полатями, обхватил голову руками и опять призадумался:

"Одного не пойму, что хозяйка совсем захилела: вон лежит на печи, словно пень али бо колода какая, а работящая баба, не во грех сказать, на печи-то ее не удержишь в другую пору. Совсем захилела баба, совсем; сел даве за стол, глядь: и щи не дошли, да и каша перепрела. Стал говорить — ответу не дает толком. Все на подложечку жалуется; не то дурит, не то обошел ее какой недобрый человек. Взял бы плеть... так время-то, кажись, не такое: по лицу веснухи пошли, да опять же и тяжелина..."

— А которая тебе, Мироновна, пошла неделя?— окликнул мужик сожительницу.

— Да вот, считай, с заговенья-то на Петровки: которая будет?

— То-то, смекаю, Мироновна, не пора ли?

— Ой, коли б не пора, кормилец — всю-то меня, разумник мой, переломало: и питье-то долит, и ноженьки-то подламывает, вот к еде-то и призору нет... Ни на что бы я, сердце мое, не глядела. Даве от печи словно шугнул кто: еле за

---

[41] уповод — срок, определенный период времени продолжительностью от 2 до 4 часов, обычно уповоды считали от одного до другого приема пищи и между основными моментами светового дня (восход, полдень, закат).

переборку удержалась; в головушке словно толчея ходенем ходит; утрось пытало моторить[42]...

Мироновна не вынесла и заплакала; мужичок опять заскрипел полатями.

— Да ты бы, Мироновна, поспособилась чем! — заговорил он после продолжительного молчания,

— Напилась даве квасу, ну словно бы и полегчело. А вот теперь опять знобит. Душа-то ничего не принимает, разумник, позыв-то не на то, что следно брать: глины бы вон я от печки поела, пирога бы калинника пожевала...

— Нишкни-ко, нишкии, Мироновна, никак у тебя к концу ведет? Давай-ко бог этой благодати на наше бездолье. Да смотри же ты у меня, опять рожай парня, а я вот тем часом пойду да баню тебе истоплю. Пораспаришь косточки-то — полегчает. Вот я ужо...

Мужичок слез с полатей, захватил топор, сходил истопить баню, вернулся назад, подошел к печи и опять окликнул Мироновну:

— Что, спишь ли, Лукерьюшка, спишь ли, кормилка? Али уж тошно больно стало? Нишкни же, нишкни, дока!.. Вот я позову повитуху, добегу хоть до тетки Матрены!.. Уж и мне-то, глядя на тебя, такового тошно стало!..

Мужичок махнул рукой, повертелся по избе туда да сюда и опять ушел вон.

Вот он уже у тетки Матрены — деревенской повитухи-бабки. Кланяется ей в пояс и просит:

— А я опять со своей докукой, тетушка Матрена. Большуха-то у меня калины попросила; опять никак на сносе, подсоби.

— Как же не на сносе, Михеич! По-моему, ей еще вечор надо бы... на тридцатую-то неделю шестая пошла...

— Не откажи!— просит Михеич.— Ты вот и Петрованка повивала, и Степанко, и Лукешка от тебя шли; прими — куды не шло, еще какое ни на есть детище. Рука у тебя легкая — так по знати тебе и веру даешь: к другим нашим бабам и не лезу...

— Ладно, ну ладно, Михеич!..

— Полтину-то я уж от себя сколочу, ну там, поди, с кумовьев пособерешь, будет тебе за повит-от. Овчины я сейчас припасу, бери только бабу да и веди в баню...

И Михеич опять поклонился в пояс; думает, задурит баба, заломается, хоть и за своим же добром пойдет; сказано: женский норов и на свинье не объедешь — ни с чего иную пору

---

[42] моторить — тошнить.

чванятся. А поклониться ей, не надломить спины, не волчья же у мужика шея, не глотал мужик швецова аршина.

— Ладно, ну ладно!— говорит повитуха.— А сколько ты посулил за повит-от?..

— Грешным делом полтину медью отвалю тебе, тетка Матрена, не стану врать — дам пятьдесят копеек, не ругайся только!..

— Ну, а припасы-то какие будут?

— Да уж на этом стоять не станем — приходи да и хозяйничай. Я тебе и поросенка зарежу, и барана зарежу, куды не шло! Сама и сметаны напахтаешь!..

— В кумовья-то кого позовешь?

— Да брат Семен будет и Степанида, Базиха Степанида...

— Что ж ты бурмистра-то не попросил, аль заломался?

— Не то, тетка Матрена, заломался! Да нужно ведь и честь знать. Вон Лукешку принимал, говорит: в последние принимаю, ни к тебе, ни к кому не тронусь; изъяну, слышь, много, а крестники-то разве кулич принесут на Пасхе, а о Рождестве, глядишь, самим денег давай. И так уж их у меня больше десятка... Пускай, говорит, Евлампий-земской крестит, тому это дело совсем нанове. Благо ведь приохотиться, говорит, к этому делу, а там — подавай только...

— Так ты бы лучше земского попросил, Михеич, все же и тебе лучше. Вон он, толкуют, гужей накупил, дуги гнет — так лавку, слышь, открывает; кузницу поговаривают, у Демки скупает...

— Лучше по родству, тетка Матрена, водиться; и Евлампий чванлив больно, богат — так и занозист... Мы ведь с тобой и в лаптях ходим да не спотыкаемся, а и брат — мужик хороший: три коровы на дворе, опять и жена тяжела... Сама знаешь: тебе же на руку.

Еще раз поклонился Михеич в пояс, но повитуха Матрена не ломалась больше. Вдвоем стащили они роженицу в баню, и увидел здесь Михеич свою радость, хотя и не в первый уж раз. Видел, как повитуха дала роженице сначала воробьиное семя, а потом стакан вина и на закуску — кусок круто посоленного черного хлеба. Видел, как поили потом его жену пивом с толокном, и знал, что и впредь ей не будет запрета ни на какую пищу.

Вечером собрались у колодца две бабы-соседки — воды накачать, и повели пересуды.

— Смотри-кось,— говорила одна,— новый месяц никак народился, гляни-ка, мать, какой лупоглазый вылез; знать, на утре-то сиверком завернет...

— А видела, дева, как даве Михеич-то из бани выскочил?

— Нешто, родная, запарился?

— Чего, мать, запарился; сама-то, слышь, родила, ведь она на последях ходила...

— Кого же бог дал — бычка или телочку?

— Опять, дева, парнем прорвало. Выбежал, слышь, даве из бани, словно сблаговал. Ухватил меня за пониток да как крикнет чуть не на всю-то деревню: радуйся, слышь, Агафьюшка — третьего парня рожаю. А мне-то что? По мне бы девоньку-то лучше!

— И по мне-то, дева, кажись девонька-то лучше. Ну да давай ему бог, над его бы семьей и сбывалось — мужик-то ведь он больно хороший. Чего не попросишь, всего дает, коли б не перечила ему большуха-то...

— Зелье-баба, и говорить нечего; попроси горшочка — задавится,— говорила другая баба и расписала бы Михеича хозяйку хуже всего, если б не перебила ее первая баба:

— Кого же они, мать, повивать-то взяли?

— Опять, дева, те же завидущие, бесстыжие глаза, опять Матрена криворотая!.. Уж такая-то прорва, такая-то волчья снедь, ненасытиха! Все бы тебе она поперечила. Вон пришла я летось к Скворцу на повит, и дело, было, сладили за полтину. Она тут и подвернись, ненасытиха-то эта и подвернись: да у Агафьи, говорит, рука тяжела, кость широка, да у ней, говорит, глаз недобрый, обыку, говорит, не имеет; у Базихи ребенка, слышь, заморила... У, прорва эдакая! Волчья снедь! Уж я ж ее допеку!.. Вон на месте мне тут провалиться!..

И ничего больше не узнала любопытная допросчица — первая баба, как ни пробовала, как ни пыталась разговорить соседку, но добилась только одного, что та и глаза Матрене песком заслепит, и на задах поймает — в косы вцепится, со свету сгонит Матрену: пусть-де она не перечит другим, не супротивничает. От других уже кое-как допыталась расспросчица, что сам-де Матрене полтину посулил за повит, брат самого идет отцом крестным, Базиха рубаху начала кроить — стало быть, в матери крестные назвалась; послезавтра, может, будут крестины, а может, и нет... А сам-де куды шибко радуется — то в баню забежит, то опять вернется в избу, поиграет здесь со старшенькими ребятенками, да и опять лезет в баню. И зачем его носит туда — студить только.

Но вот словно и угомонился отец: разделся, прилег на полати, свесил вниз голову, ласкает ребятишек, улыбается, подушки в одного парнишку бросил и — спать бы. Нет, Михеич опять зашевелился, раз пять перекинулся с боку на бок и опять-таки спрыгнул с полатей, и опять стал суетливо оболокаться. Потом подбежал к зыбке, покачал ее за кромку, да вспомнил, что пустая была еще эта зыбка, потрепал старшего мальчика за волосы в виде ласки, но не поняли буки-ребята этой ласки — разревелись. Отец того да другого погладил по голове, тому да другому посулил купить пряников да орехов. Вот опять вышел в сени и опять вернулся назад в избу: шапку забыл на полице, да и вместо лаптей были на ногах у него туфли — берестяные ступанцы. Отец поправил оплошность, бессознательно перебрал на столе обглоданные, замусоленные кусочки ржаного хлеба, забытые ребятишками,— и не прибрал. Порылся в ставце — и ничего не вынял. Заглянул зачем-то за переборку, толкнул ногой в голбец — и не притворил двери. Наконец, опять вышел на крылец, спустился на улицу, но не пошел в баню, а прямо-таки в свое приходское село.

— С требой уехал!.. Помирают!— говорила ему отца Ивана работница.

— Я подожду; ведь, поди, скоро приедет?

— Чего скоро — почитай, только что, только уехал!

— Я подожду, подожду, а скоро обещали?

— Кто ж его знает? Срок-от с ним! Дьячком-то Изосим поехал,— добавила от себя работница.

— Ну вот, поди ты!— бессознательно вымолвил Михеич.— А я, как тебя звать-то? я... подожду лучше...

— Чего тебе надо сказать.— я, пожалуй, молвлю батюшке-то.

— Паренек, кормилица моя, родился, паренек... И такой-то, мать моя, гладкий, да тяжелый, уж такой-то резвунко, девонька, родился! В меня, бают бабы!.. Да и на матку похож, славный будет, во... славный! Завтра в избу перетащу и зыбку уж навязал на ту притчину...

— Да ты из какой деревни?— перебила работница каким-то плачевным голосом и, подхватившись локотком, пригорюнилась.

— Из ваших, мать, из соседских... вон, с поля на поле! Сказывают, гоны трои будет, а по мне так и двух не наберется...

— Там моя сестра зимусь на супрядках гостила,— сказала с глубоким вздохом работница и еще больше пригорюнилась.

— Нешто померла сестра-то?— спросил Михеич, готовый в эту минуту сострадать всем и всему. Стало ему жалко, крепко жалко сироты-работницы.

— И — что ты, батько, с чего б помереть? Так только гостила!..— сердито вскрикнула работница и отняла, ладонь от подбородка.

— А скоро ли сам-от приедет?— опять за свое ухватился отец.

— Сказала: с ним срок! Ну и проваливай.

— Нет, уж я подожду лучше!— закончил докучный допросчик и сдержал свое слово.

На третий день отец привез новорожденного парня в село, здесь отдал его на руки кумовьям, чтобы те отнесли его в церковь, а сам опять зашел к священнику просить его дать парню имя.

— Как же ты сам возжелаешь нарещи его?— спросил священник.

— Твое дело, батюшко — отец Иван: какое хочешь, то и ладно, по мне... Сам знаешь, все на тебя полагаю, на то ведь уж ты и приставлен.

— В сей день Анемподисту празднуем!— отвечал отец Иван и слышал, как Михеич перевертывал имя на разные лады — словно балалайку настраивал, и наконец-то поймал;

— Енподист, вишь Енподист... хитро больно имя-то, батюшко. Дал бы ты какое ни на есть попроще, а то переврут дуры-бабы!

— Еще память Герасима.

— Как ты, батюшко, молвил? Ровно не вслушался. Никак опять...

— Герасима!— перебил священник.

— Ну вот и ладно, батюшко! Никак и выйдет-то Гаранька, коли по скорости надо. Благослови, отец Иван, кумовья-то в церкви!..

И стал Михеич с Гаранькой — свежим детищем, новой утехой и радостью, будущим кормильцем и помощником!

Пока он был на селе, в избе его повитуха подняла пыль коромыслом: напекла-нажарила, наварила-напарила, приготовила все, что припас хозяин, уложила роженицу за переборкой, накрыла на стол и поджидала дорогую роденьку хозяев, батюшку-священника с матушкой-попадьей и дьячка со старухой просвирней. Гости уселись за стол: священник с женой в переднее место под тябло, рядом с ними кум с кумой, ближе к краю дьячок с просвирней, против них родня хозяев, а с самого краю и большак в семье сам Михеич, потому что с него и начнется сейчас угощенье.

Бабка-повитуха засуетилась, забегала, схватила со стола принесенный родными подарок — горшок норушки, приготовленной из сушеной малины с медом, и отнесла его за переборку, откуда, накормивши роженицу, явилась с другой порушкой, которую приготовила сама из пшенной каши с перцем и хреном, страшно заправленной солью и только для прилики обсыпанной изюмом. Отец новорожденного попробовал, поморщился, да хоть бы и назад отдать, до того нехороша была эта порушка, но таков уж обычай, нужно было доесть стряпню бабки, которая к тому же и объяснила отцу:

— Что вот-де, как твоя хозяйка третеводни мучилась, так и ты поломайся теперь. Не нами-де сказано, что муж да жена — одна сатана, обоим и гуж за одно тянуть.

Но этим только не окончилось дело; Михеич должен был съесть еще ложку соли в то время, когда кум с кумой подняли пирог над головами с заветным желанием, чтоб "крестник их был так же высок, как приподнят пирог". Затем шло угощение кашей, за которую бабка получила от кумовьев деньги, а за вино, которое она первому поднесла отцу, получила обещанные за повит пятьдесят копеек медью.

Остальной порядок и угощение шли своим обыкновенным чередом: первая чарка и первый кусок священнику, последняя отцу и бабке. Гости церемонились, заставляя себя долго упрашивать, пока не подвеселились и не повели обыденные разговоры, в которых, по обыкновению, главная роль принадлежала священнику и самая последняя, незначительная — хозяину.

Священник говорил, что у них скоро благочинный будет новый, владыка по епархии ездит, так дьякона не мешало бы попросить. Мужички потолковали о том, что давно уж подумывал об этом и барин, да бурмистр не ручается за достаточность вотчины, говорит, что и одним-де можно удовольствоваться. Тут же кстати потолковали гости и о том, что в Онтушевской волости мужики землю оттягали и была у них свалка с деминскими такая горячая, что только и удалось залить в онтушевском кабаке. Гости говорили все громче и громче, так что разговор их перешел в какой-то шум, из которого только и можно было понять одно, что всякий как бы по заказу старался перекричать остальных. Затевались к концу и песни, но, по обыкновению, не ладились. Целую ночь, да и половину другого дня Михеичев сивко развозил гостей по домам, а самого большака только на другой день к обеду едва доискались в углу на повите.[43]

Роженица недолго пролежит в постели: завтра же она будет возиться у печи, отрываясь только для того, чтобы покормить ребенка. Она и теперь не лежала бы за переборкой, если б не был на свете обычай класть на зубок новорожденного

[43] повит, поветь — крытый двор, сеновал.

и непременно под подушку матери и если б не послаблял Мироновне муж-баловник.

Не задумалась бы она родить, как и многие деревенские бабы, на том же месте, где час приспеет — будет ли это подле печи, среди чистого поля на пожне и покосе, во время самой спешной и трудной работы.

На другой день после крестин в Михеичеву избу то и дело приходили соседки на навиды, приносили посильный подарок: иная пирог, другая пасмы две ниток, иная успела сшить рубаху, другие просили простить, что ничем не могут порадеть — или по недостатку или по беспамятью. Одним словом, все было так же, как обыкновенно бывает на любых крестьянских крестинах.

Ребенок покрикивал сначала тихо, но с прибавлением числа дней и недель все громче и громче, так что подчас получал порядочные шлепки и громкую брань от матери, на попечении которой он и оставался до тех пор, пока не начинал сам ползать медведкой или стоять дыб-дыб, опираясь ручонками на лавки. Отцово дело тут сторона, разве иногда возьмет он сынишку на руки и, поднимая к потолку, начнет стращать букой или попугает его своей бородой, выигрывая на губах какую-нибудь дребедень. Дальше, когда парнишка начнет подрастать, он предоставляется вполне самому себе, а когда войдет в разум, то сам и радеть о себе должен; "вырастет с мать, сам будет знать, как из песку веревочки вить".

В наших деревнях, где едва ли не всякая баба исполняет обязанности повитухи, всегда уж найдется такая, которая исключительно посвящает себя этому занятию и, следственно, пользуется у рожениц особенным предпочтением перед всеми другими. Она вместе с тем и лекарка, и знахарка, и наговорщица — одним словом, такое лицо, без которого трудно, кажется, обойтись русскому человеку. К таким-то исключительным личностям принадлежала и тетка Матрена.

Происхождение ее очень просто: она почти всегда дочь тоже повитухи и редко принимается за свое заветное ремесло по собственному желанию. Это последнее обстоятельство совсем от нее не зависит. Оно устраивается как-то уже само собой, как у всякого другого русского простолюдина.

Смолоду у Матрены, разумеется, общее горе и радость, как и у всякой другой деревенской девчонки. На руках у ней вечно ребенок — сестренка или братишка, к которому она приставлена на правах няньки. С ним она обязана носиться целый день, пока не кликнет мать на насесто. Позовут ли ее играть в прятки те из товарок, которых судьба избавила от этой неприятности быть сестрой,— Матренка вскинет парнишку на закорки и идет к овинам. Здесь посадит брата к уголку и бегает с другими — резвится, забывает свою докучную службу, а там, смотришь, опять идет она по деревне босоногая, растрепанная, и опять у ней торчит за спиной черномазый братишка, ухватившийся обеими ручонками за голую шею сестры.

Пригласят ли Матрену хороводы водить, и опять, смотришь, прыгает она, резвится по-старому, и опять по-старому сидит ее братишка в пыли и грязи, насупившись, и кричит благом матом, когда обнюхает его проходившая свинья или собака. Но вот беда: заметила это нерадение Матренки проходившая мать и еще больше встрепала ее лохматую голову и вперед наказала не покидать братишку. Этот грех куда бы ни шел, сама назвалась на него, а бывает и так, что сам парнишка затевает беду себе, на голову, да еще и на глазах матери, как случилось это в то время, как играл он с котенком. Баловливый котенок, оцарапав парня, напугал его, что перекинул навзничь и свалил плашмя с лавки, но и тут не прошла беда мимо няньки: зачем-де не смотрела, ты уж не маленькая! И это бы ничего: горе пополам с братом, да и мать дала наческу — никто другой, а то бывает и такой грех, что и сам-то он, братишка, всей пятерней врезывался в сестрино лицо и оставлял на нем царапины на целую неделю. Конечно, и тут извернуться можно, стоит только затащить его подальше на зады, нахлопать там досыта, да подождать, пока отойдет, а там сунула корку хлеба, и гора с плеч долой. Но вот уже беда неисправимая: когда девчонки затеют хороводы, а братишка спит, мать не пускает на улицу:

— Подожди ходить, вон братенко проснется, и его с собой прихватишь...

— Да, мамонька, хороводы-то на ту пору разобьют, не поспеешь...

— Подрастешь, дура, наиграешься...

Ничего не остается делать, как надрываться — плакать, пока не рассердится мать и не исполнит обещания.

Но вот уж подрос братишка, сам по себе стал ходить и бегать, нянька на радостях.

— На-ко,— говорит мать,— сестренку тебе, похоль и ее, да смотри не по-летошнему, а то опять дубцом отстегаю, целый веник истреплю!..

Делать нечего, опять нужно покориться горькой участи и ожидать той поры, когда или мать рожать перестанет, или сама Матренка сделается подростком и ее скучная обязанность перейдет на другую сестру.

Но эта пора недалеко, время летит своим чередом скоро и незаметно: вот уж на Матрену начали ногами зариться большие ребята. Один что ни пройдет мимо, то и заденет — либо щипнет, либо просто начнет по плечу трепать, либо над ухом что есть силы языком щелкнет.

А надумает парень в хороводе пройтись с платочком, опять за Матрену:

— Выходи-ка, Матреха, воробушком!

В горелки ли врежется парень — опять-таки ловит ее, а не другую девку.

На камушке ли горит Матрена — никто ее не выкупит прежде того же парня, никто из ребят не поцелует прежде выбранного-суженого.

Матрена и сама не прочь отвечать на ласки парня, не пустит она колечка дальше своей руки, если довелось ей играть в веревочку и ищет это колечко ее молодец. Никого не бьет она жгутом так больно, как того же парня, не слушает и усиленных криков его: "чур меня!" У ней и "ох болит!" по том же парне, а и рубль пойдет — у Матрены в руках застрянет. Одним словом, девка во всем становится покорной парню.

— Слышь, Матреха, выходи-ка на супрядки к бурмистру, я там буду!— скажет волокита-парень.

И Матрена идет на супрядки, не противится, хотя и у самой в избе супрядки идут и много еще девке пряжи прясть и мотать без бурмистрова добра, на которого хватит работниц и кроме нее. Придет девка к бурмистру, непременно придет и найдет там своего молодца, который подсядет к ней и наговорит с три короба всякого вздора.

Запоет ли от скуки Матрена песню — парень первый подхватит ее. Захочет ли девка уйти из избы, опять-таки тот же молодец провожает ее; надумают ли девки пошалить, подурачиться, погасить лучину в избе — первый бросается к светцу Матренин парень, а Матрена и лучину запрячет на повит, как только можно дальше, в самый угол на сеновале.

Пойдут ли ворожить девки в баню о суженом — первый засядет туда тот же парень и велит Матрене завораживаться прежде других. Пойдут ли невесты слушать на поле звон или пение — Матренин парень уже стоит за овином, дожидается суженой, ее колокольцем пристращает, а для других пропоет погребальную. Начнут ли подходить к шапке за жеребьем, кому с кем в этот вечер жениxаться — Матрену как будто надоумит кто вынуть ломаный грош, словно ее Матюшка и не мог бы положить неломаный. Девки молчат, как будто не замечают ничего, а ребятам и подавно нет никакого дела: всякий думает о себе и о своей — таков уж исконный обычай. Не любят только они захожих гостей и не дают своих девок в обиду. Не думают о Матрене ни парни, ни девки, думает о ней только одна мать и выговаривает:

— Ты что это, нечеса, со старостиным-то Матюшкой женихаешься, нешто не нашла попроще?

— Да он сам пристал, не я выбирала!— отвечает Матрена и хоть в слезы пуститься.

— Не женится он на тебе, дура, помяни мое слово. Ведь ты сирота, да и без достатку, а у Матюшкина батьки мошна-то потуже бурмистриной, бают...

Но девка не верит матери, не может перечить сердцу; она и во сне с Матюшкой по ягоды ходит, грибы собирает.

— Не обманет!— говорит она в свою защиту матери.— Сам обещал ожениться, не станет врать. Вот намнясь пряников купил, платок обещал подарить. Какой только, слышь, любишь — желтый или красный — тот, мол, и принесу...

Мать все-таки стоит на своем:

— Брось, девка, Матюшку, выбери кого другого. Этот бычок не по нашему стаду. Вон,— говорит,— сестрина Паранька взяла себе Кузьку Кузнецова и идет дело по-любовному: перед масленицей, слышь, и свадьба будет...

— Нет!— стоит на своем девка.— Не отстану от Матюшки, хоть живую режь. Иной и выводное даст — да плачется, а другой и даром возьмет — да любуется. Пусть же, коли богат Матюшка — не моя вина. Не даром он пряники носит, за меня же безинского лакея отколошматил...

Мать пригрозила было к бурмистру свести, собиралась и — не собралась.

Девка продолжала любиться с парнем, пока не приехала в деревню барская горничная, которой сам барин велел выбрать лучшего парня по всей деревне.

Как назло — словно предчувствовала Матрена — горничная выбрала старостина Матюшку и пошла вместе с ним на поклон к барину с полотенцем и куском деревенского полотна. Барин поцеловал молодую в щеку, дал ей на крестины пятьдесят рублей и велел быть ключницей, а молодому мужу приказал выдать синий армяк и послал привыкать к кучерскому делу, да не подстригать бороды...

Долго ли после такого горя девке поплакать, проплакаться и, опомнившись, с ужасом увидеть, что все подруги-сверстницы вышли замуж, каждая за своего суженого, не несет этой доли одна только Матрена, не будет она петь на прощанье родителям, хоть и кстати была бы эта песня:

Я еще у вас, родители,
Я просить буду, кланяться,
Не оставьте, родители,
Моего да прошеньица:
Не возил бы меня чуж-чуженин
На чужую сторонушку,
К чужому сыну отецкому,
Не пасся бы он, не готовился,
На меня бы не надеялся.
У меня ль, у молодешеньки
Еще есть три разны болести:
Я головонькой угарчива,
Ретивым сердцем прихватчива,
Своим свойством не уступчива.

В деревне нет для Матрены женихов: остались одни подростки, а из других деревень не едут по девью красоту, потому что все знают Матрену, знают и ее Матюшку, но еще больше того знают, что злее обойденной невесты и зла мало на свете.

Если вообще всякая деревенская баба не прочь на чужой двор закинуть камушек, посудачить-посплетничать, то тем более те из них, у которых не уладилось дело на семейное житье, тихое-беспечальное. Матрене — все соперницы: всякий парень женихом считался. Она одна осталась теперь, как былинка в поле, как сосенка-сиротинка при дороженьке. Обойденная невеста что дом зачурованный, к нему крещеный неопытный человек и подойти побоится: черти в нем поселились, змеиным ядом дышут на всякого, а и житье в нем — ад кромешный.

Девка на первых порах покручинилась, разливалась горькими слезами, размывалась громкими рыданьями, не пила в меру, не ела в сытость, от тяготы сердечной была сама не своя, а когда и пришла в себя, то не много радостей вызнала, не много отрадного выпытала.

— Агашку за вихряевского питерщика Михея сговорили — в воскресенье в полудень и свадьба, слышь,— сообщали одни соседки.

— Лукешку побратали вечор, да у сестры-то ее, Степаниды, тоже на мази дело,— сообщали другие.

— Гаранька в Михееве, сказывают, подыскал. Ванюшка тоже свах засылает, Степка, Иван Кондратьев,— высказывали третьи на горькую кручину и слезы Матрены.

А на ее дворе ни свата говорливого, ни щебетуньисвахоньки, словно Мамай войной прошел по деревне, ниоткуда нет засыла и подговоров.

Раз сорвалось с сердца Матрены супротивное, неладное слово на подруг-соперниц и на ребят-обидчиков — пошло у ней с той поры что дальше, то горше. Никому не стало пощады, на всякого нашлось у ней с три короба всяких обид. Про кого ни скажут доброе слово соседки — все не по ней.

— Вот Степанида-то питерщикова сговорена, складная девка, что стеклышко — чистенькая, во всех порядках, и смирная, и к родительской воле прислушливая,— выговаривает, бывало, соседка.

— Голыми-то руками за нее не берись — она только по глухой поре за овины-то к ребятам ходит, днем ее там не увидишь,— ответит Матрена, да и ни слова больше.

— А Лукерьюшка-то? Эта и в церкви завсегда напереди стоит да в землю молится, а и на посидках-то не больно чтобы уж очень шустрая...

— У этой-то и матка за солдатами в поход ходила, да и отец-от, как ушел в Питер, в деревню не заглядывал...

— Ну да уж про Агафьюшку-то не скажешь же худо?

— Про десятникову-то?

— Смирена девка, не тайщица, не привередница, ни она тебя облает, ни сделает по-своему. На супрядки попросишь — первая придет, на помочь позовешь — первая с серпом на пожне, подарок посулишь — отказывается, на дом его принесешь — назад отдает...

— У ней только что рожа-то пряслицей, да коса — что голик, а пальца-то тоже не клади ей в рот,— крикнет, бывало, Матрена во всю избу да и решит тем, что говорить перестанет, заключив вопросы коротким ответом:

Хороша наша деревня — только улица грязна.
Хороши наши ребята — только славушка худа,
Хорошо нашими девками тын городить.

А между тем одно зло выручает другое; Матрена скажет у себя в избе, а гул разойдется после и по всей деревне. Брось калач на лес, пойдешь — найдешь,— говорит пословица, а на брань слово купится,— утверждает другая.

— Матрена — что ворон: на чьей избе сел, на той и накаркал!— говорили промеж себя девки-соперницы и решали на том, что черного кобеля не домоешься добела, а на чужой роток не накинешь платок.

Женихи-ребята и думали и поступали иначе: на личную

брань огрызались, на злую сплетню отвечали тем, что ворота мазали дегтем, в окно снегом бросали, на трубе горшки били, на улице не давали проходу и пошли еще и дальше того на том основании, что озорная корова до той поры и бодлива, пока рога у ней есть.

Случай смирил Матрену, заставив и ребят смотреть иа ее бездолье иными глазами, глазами участия и снисхождения.

У Матрены умерла мать-старуха. Пошла сирота на кладбище и взвыла, горько там взвыла о своем сиротстве и бездолье, осталась одна на белом свете, как перст, как былинка в поле. Горьким, раздирающим душу голосом причитала она по родителям, добралась до родимой — помянула добрым словом, вспомнила тут же кстати, что любила покойная, вычитала истово и то, что родимая носить любила. Долго каталась Матрена по свежей могиле и выла, верная исконному обычаю отцов и дедов, пока не подобрала ее с места дряблая, сердобольная старушка-нищенка, верный друг всех надрывающихся от слез и кручины.

Плакала Матрена такой заветной старинной заплачкой:

Ты послушай-ка, родитель — моя матушка,
И сердечное желаньице,
Ты, денная моя заступушка
И ночная богомольщица!
Уж мы как-то будем жить
Без тебя, родитель — моя матушка!
Кто-то нас поутрушку ранешенько
Будет бдить со мягкой со постелюшки?
Кто-то станет разряжать нам
Крестьянские работушки?
Как встанем поутрушку ранешенько
Со пуховой со мягкой со постелюшки,
Мы не водушкой ключевой будем омываться,
Омываться горячими слезами,
Отираться злодейской-великой кручиной,
Зазнобушкой великой будем покланяться.
Как нонечку-теперечку волос к волосу не ладится,
Моя младая головушка не гладится,
Моя вольная волюшка на головушке не ладится,
Не уплетается моя русая косынька милешенько,
Все без своей-то без родители — без матушки,
Без слова сердечного желаньица.
Как нонечку-теперечку веют ветры полуденные,
Говорят-то многи добры людишки посторонние.

И все круг меня-то кручинной головушки.
Веют ветрушки с западками,
И говорят-то многи добрые людишки с прибавками;
И не видала я-то после споего родителя-матушки
Благословеиьица-блаженьица,
Со Исусовой молитовкой буженьица,
Как нонечку-теперечку мне-ка
Как будет кручинной головушке
Без своей-то без родителя — без матушки,
Без свово-то, сердечного желаньица?
Вы придайте-тко ума-разума
Во младую во головушку,
Мои сродцы — мои сроднички,
Вы, спорядные соседушки,
Вы, пристаршие головушки,
Мне, душе да красной девушке,
Провожать свое прекрасное девичество
И ходить-то по тихим-смирным беседушкам,
По гульбищам — по прокладищам,
По обедныим — по свадебкам,
И по господниим — владычным по праздничкам!
Я все буду бояться, кручинная головушка, теперюшко,
Чтобы ветрушки меня не обвеяли,
Чтобы людишки не облаяли.

С нищенкой коротала первые скучные дни одиночества сирота наша, но не нашла полной утехи в горести, все напоминало ей мать и все вызывало на слезы: и пучки калины, соком которой натирала мать лишаи, и полынные листья от лихорадки, и пережженные квасцы от озноба и дикого мяса.

Возьмется ли за кремень и огниво — огня высечь, и тут вспоминается ей мать, присекавшая и обметанные губы, и все другие летучие сыпи этими же самими кремнем и огнивом.

Осядет ли в жбане гуща квасная — и тут перед глазами Матрены мать-лекарка, круто солившая эту гущу, чтоб наложить потом на ногтоеду и заусеницы.

Попадутся ли ей на глаза два горшка рядом, и тут вспоминается ей, как покойница смачивала эти горшки и терла один о другой, чтоб стертой черной грязью натирать лишаи и ветреные сыпи всякого приходившего к ней за пособием.

Ремесло старухи, как живое, перед глазами Матрены, а нужда как на вороту виснет, хоть сама в сырую землю ложись и гробовой доской прикрывайся, а брюхо— злодей, старого добра не помнит.

Задумалась Матрена над своим бездольем, но ненадолго. С первой же вешней водой полезли в ее избу все больные по привычке:

— Поспособь, Матренущка, чай, тебе матка-то натолковала. Нам ведь к другим-то почесть и идти не к кому. Голова болит...

— Обложи глиной али бо кислой капустой — полегчает, завтра приходи — понаведайся...

Но больной не приходил в другой раз, а поутру прихвалил Матрену при всех своих бабах и сторонних людях. И знали через день в деревне, что Матрена-де по матери пошла, способит как нельзя чище: от кашля печеным луком кормит, от лихорадки дегтем с молоком поит и посылает на реку в самую полночь искупаться, да так, чтобы никто не видал и не слыхал, и рубаху велит там оставить, как бы и мать ее прежде наказывала.

Стала Матрена и над кровью нашептывать, и зубы заговаривать с немалой удачей и навыком; и опять пошла молва по деревне, что и Матрена задавила крота между пальцами и не умывалась после того целые сутки, как и мать-покойница.

Пришел кузнецов сын с бородавками, так только нитку взяла, навязала на ней столько узелков, сколько бородавок было, да и бросила нитку в навозную кучу, примолвив: "Сгниет нитка, и бородавки пропадут",— и словом-то этим что рублем подарила — прошли бородавки.

Другой парень пожелтел совсем и кашлять начал; так только живую щуку дала подержать, и желтизна прошла, как заснула и пожелтела сама щука.

За одним лихоманка увязалась на покосе, да случилась Матрена и только лягушку за пазуху кинула и холодной водой облила — отвязалась болесть и забыла о парне.

У мужика ноги отнялись на пожне, так что и ступить нельзя было — Матрена только в муравьиную кучу посадила ногами и тут же получила гривну медью, потому что опять пошел больной подбирать серпом ржаные колосья.

С грудным парнишком солдатки собачья старость приключилась — стало парня сушить в щепку, в соломинку; Матрена пришла, когда печи топились, и только посадила парня на лопатку да три раза всунула в чело, и не успела мать третьего раза взвизгнуть, парень был готов и вскоре пошел на поправку.

У старостина брата зубы не давали спать ночей и лицо уже вздуло горой, а пришла Матрена да только рябиновый сук расколола начетверо, пошептала над ним да положила на зубы и три года не велела есть рябины — и как рукой сняло.

И действительно, в светленькую, чисто выметенную избу сироты-лекарки часто стали наведываться немощные и страждущие.

— Вот,— говорила ей одна, поклонившись куском крашенины,[44]— мой-то опять сблаговал. Ушел на село кросны[45] продавать, да и глаз не казал почесть что трои сутки...

— Опять, поди, запил.

— Нешто, Матренушка! На глазах-то, мать, и все бы по мне делает, а вот эдак провалится куды и пошел своим разумом... Вернулся домой-то да и лег на полу... Лей, мол, я на него воду, а то, слышь, боязно ему на глаза мне пьяным казаться. Ладила я с ним и так и сяк, и водой-то облила, и ноги велел к лавке привязать — и ноги привязала, и за волосья трепать наказал — натрепала, да уж и не выдержала, вскипело сердце — ухватила голик,[46] весь истрепала, невтерпеж же, мать, стало экое посрамление! Как на село — так и водись! И не дерется бы, мать, урчит только да плачет. Да поди, удержись.

— Поспособила бы я тебе его, кабы не такое хитрое дело — дорого стоит...

— Да уж не стою, Матренушка, не стою...

— Самой все надо и без меня, да и без чужого зазорного глаза. Купи ты вина ведро да двух щук достань, да живых только, и замори ты этих щук в вине-то, замори так, чтоб заснули. Подогрей это вино в печке, покрепче подогрей, да и напой этим на ночь, потом вся дурость-то и выйдет из него, и призору не будет. Да и помяни ты меня, не от худа...

— Твои плательщики, Матренушка, спасибо за совет, не сердись, родная!

И опоит баба пьяного мужика по совету Матрены и еще раз поклонится за совет прежде, чем муж снова добьется до села и разрешит общее недоумение буйным запоем. И приругает Матрену хлопотунья-жена за неудачное пользование, но не повредит ее уже установившейся славе, разве даст только свободу языкам и пищу сплетне, но не помешает мужику-богателю поприveredничать, зайти к Матрене раза два в неделю в свободный часок поплакаться:

---

[44] крашенина — крашеный домотканый холст, обычно синий.

[45] кроены, кросна, кросно — домотканый холст, снятый со станка неразрезанным, "трубкой".

[46] голик — веник.

— Попробуй-ка, Матренушка, опять нешто в боку-то заломило, не то в правом, не то в левом...

И знает Матрена, что врет богатель, на небывалую хворость жалуется, но осматривает его и выговаривает полтину медью.

— О том не стоим! Что нам полтина? Хворость бы отвязалась. Вот-вот, ровно бы тут защемило, словно бы иглами колет. Вечор с голбца на полати перелезал, и ухватило поперек-то — еле отдышался!

И мнимый больной напьется по совету Матрены ромашки на ночь, и велит себя вытереть солью с вином, и опять придет к ней от нечего делать, и опять принесет полтину и на глаз ей укажет:

— Посмотри-ка, Матренушка, не песьяк ли вскочить хочет?

— А вели-ка ты, Еремей Кузьмич, старшенькому-то парнишке ячменек проколоть да и показать ему кукиш: "Ячмень, ячмень! Вот, мол, тебе кукиш, что хочешь, то и купишь, купи себе топорок, пересекися, мол поперек", да и проведи по ячменю-то пальцем.

С бедным, со слабеньким значением в деревне привередником Матрена поступает иначе. Пожаловался мужичонка на боль в пояснице, да сказывает про болезнь не то, что надо,— Матрена отворит избу. Выберет баб да ребят молодых, велит им шибче смеяться, чтоб было веселей боли выходить из тела, и положит привередника поперек порога. Накладет ему на спину из голика прутьев и начнет тяпать по прутьям косарем да приговаривать, а привереднику велит петь песню, какая только на ум попадет, и сама смеется.

Встает привередник и гладит спину:

— А никак, Матренушка, и впрямь легче стало!— и похвалит ее пятому и десятому: сам при своем, и лекарка не в накладе.

На серьезных больных Матрена и теплые хлебы накладывает на поясницу, и горшками накидывает, и бьют освирепелые больные от невыносимой тяготы горшки эти о первый попавшийся угол, и бранят Матрену, словно виноватую, но при первом же случае кланяются ей и маслом и яйцами и других посылают к ее же досужеству. И какая бы болезнь ни была, у Матрены всегда найдется снадобье. Но ни один больной не разделается с болезнью без того, чтобы не пропарила она его до самого нельзя в бане, не напоила бы его круто посоленным, не натерла бы перцем, хреном или редечным соком.

У одного шибко голова болит, и упорно держится в ней целый содом всяких дрязгов — болезнь всегда неприятная;

Матрена и над ней не задумается: поставит на стол горшок с киноварью и угольями, посадит больного, накроет его теплым и велит разинуть рот и дышать тем паром, который лезет из горшка. Иной раз и удавалось.. А случалось когда несчастье, задыхался мужик — знать, сел в час недобрый, знать, присмотрел за ним недобрый глаз, а за ней самой вины совсем никакой нет.

Не всегда с делом и за делом собирались в избу Матрены мужички, но просто и посудить-покалякать. Матрена и тут не терялась в ответах.

— Вот, красавица ты наша,— заговорили соседи,— корчи теперь эти в человеке живут, ведут они тебя всего, как есть всего выворачивают, отчего бы это такая притча состоялась?

— Это от нечистого духа,— ответит Матрена,— да от другого недоброго человека, который умеет след человечий с земли поднимать. Поднимет след — начнутся корчи. На такое дело надо взять ковш да накласть туда угольев горячих да на щепотку соли. Тут сказывай над ковшом этим наговор такой, какой надо, и с тех твоих слов вся эта корча и судорога на тебя идет; с больного-то, значит, на себя переводишь. Затем в этот ковш-от воды наливаем и прыщем на больного раз либо два. Позевнул — полегчело.

Вообще Матрена всегда охотно сообщала все то, что знала про секреты колдунов, на том основании, что колдун и знахарь не одно и то же. Если колдун продал душу свою и знает черта, то знахарка боится черта, и черт ее не любит, как и всякого другого крещеного человека. Если кликуш, у которых сто бесов животы гложут, не возьмется вылечить колдун, то ей, знахарке-доке, тут и рук прикладывать не к чему. Дознаемой, впрочем, молитвой да умелым наговором бегут и от знахарки разные людские житейские напасти. Оттого-то и идет к ней за советом и помощью весь православный люд и просит научить опахать на голых девках деревню, чтобы не падал скот, как муха, и у них, так же, как и в соседних сельбищах.

На Васильев[47] вечер придут боязливые бабы к нашей же Матрене просить смыть у них в избе лихоманку, слепую и безрукую старуху, что залезает в избы и ищет виноватых. Матрена придет на раннюю зорю, чтобы не видал только никто из мужчин деревенских, прихвативши с собой четверговой соли,[48] золы из семи печей и земляной уголь. Встречают

---

[47]Васильев вечер ~ 31 декабря.

[48] Четверговая соль освящается в церкви в страстной четверг, когда идет служба в воспоминание тайной вечери, предшествовавшей

Матрену с хлебом-солью и ласковым приветом хозяйки. Матрена не входит в избу и обмывает сначала косяки дверей, а потом потолок снадобьем и вытирает чистым рушником, чтобы не было где уцепиться проклятой старухе.

На день Трех Святителей[49] Матрена смиряет домовых в своей деревне: режет в глухую полночь черного петуха, выпускает кровь его на голик и выметает этим голиком все углы на дворах, где любит жить этот мохнатый старик-капризник, обратившись всегда лицом к стене и никогда, впрочем, никому не видимый. Смирят домового — перестанет он и скот мучить, и хозяев давить за горло, и творить другие свои неладные шутки.

На Василия-Капельника[50] ребята часто от овечьей одышки в брюхо растут, и тут нужда в Матрениных оговорах и помощи. На Марью Египетскую[51] Матрена строго-настрого велит угощать водяного — бросать в глубокий мельничный омут яшные пироги — сгибни, за два дня до Егорья вешнего[52] она учит окликать на могилках родителей, со Сретеньева[53] дня наказывает она не спать по вечерним зорям, чтобы не приставала кумаха-трясовица.

На Ивана-Купальника[54] в жаркое лето она траву купальницу собирает против того же нечистого духа, который любит пугать по зорям нескладным криком своим косцов на покосах и жнецов на пожнях; на Прокофья-Жатвенника[55] в синюю склянку она собирает росу по зорям для излечений очных призоров и стрелы в виски; на Илью-Пророка[56] собирает дождь для той же цели и против всякой другой вражьей силы. А когда на первого Спаса[57] замрут до ранней весны ведьмы, Матрена учит мужиков поить лошадей с серебряной монеты из шапки, чтобы не приставал к ним во всю зиму ни мокрец, ни столбняк, ни сап изнурительный. На Усекновение главы

распятию Христа, По представлениям верующих, обладает целебной силой.

49 день Трех Святителей — 30 января.

50 Василий-Капельник — 28 февраля {в северных губерниях считали 7 марта).

51 Марья Египетская — 1 апреля.

52 Егорий вешний — 23 апреля,

53 Сретеньев день — 2 февраля.

54 Иван-Купальник, или Купала — 24 июня.

55 Прокофий-Жатвенник — 8 июля.

56 Илья-Пророк — 20 июля.

57 первый Спас — 1 августа.

Предтечи[58] наказывает щей не варить из кочанной капусты затем, что кочень капустный, что голова, круглый.

На Андрея Первозванного[59] Матрена прислушивается к воде и сказывает по стону ее, какое будет лето, будут ли метели зимой, бури, морозы крепкие и иные разные беды. За два дня до нового года гадает она о земле на свиной селезенке и сказывает, долго ли, коротко ли затянется весна-красна и будущее жаркое лето.

Короче, ни одна из житейских примет, выжитых вековыми опытами, не прошла мимо Матрены-знахарки без заметки и внимания. Некоторую часть из них сообщила ей мать-знахарка, прожившая, потолкавшаяся между людьми не один десяток лет; большая часть пришла к ней с ветру частью от баб-соседок, частью от старух-нищенок, которых она любила прикармливать и которые бог весть где не побывают на своем сиротском веку, бог весть где и чего не вызнают, не выслушают. Раз выслушанное и поверенное личным опытом становилось для Матрены навсегда законом, не имеющим никаких сомнений и исключений. Если на чем и случалось ей споткнуться впоследствии, она и тут не задумывалась.

— Никто как бог,— говорила она,— все в божьей власти, а чему быть — тому не миновать. Все божье дело, к всякому делу человечьему разуму нельзя приступаться. Не сталось сегодня — станется завтра, и наш бабий век не клином же сошелся. Терпи и надейся!

И все-таки Матрена не оставалась в накладке — круглый год у ней прибыль. Большего почета никому нет в деревне. Она и на именинах не на последнем месте и не с остаточным куском, а крестины где — она первая в пиру и почете. К ней о всякой болезни с советом, о всякой невзгоде мирской с поклоном и приносом.

— Не житье Матрене — масленица!— толковали соседи.

— В шугаях[60] штофных ходить начала по праздникам, платок — не платок, лента — не лента, даром что обойденная, немужняя жена! — говорили соседки.

— На всякое, мать, счастье в сорочке надо родиться. С дуру-то начнешь — дуростью кончишь, талант, стало быть, от бога вышел за ее долготерпенье да обиды! — решали облагодетельствованные ею нищенки-старушонки.

---

[58] Усекновение главы Предтечи Иоанна — 29 августа.

[59] Андрей Первозванный — 30 ноября.

[60] шугай — женская кофта с отложным воротником.

— Пущай и злиться перестала теперь — не ругается так, как в ономяняшную пору!

— Взыскана теперь — зачем станет ругаться? Кузнец Гаранька, слышь, позарился, свахоньку засылал, да Матрена и след той навсегда заказала. "Мне, слышь, теперь хомута-то мужнина надевать не приходится. Сама, мол, стала в вольной воле. А ты ему, косому черту, и на лбу запиши и всем накажи: ко мне-де теперь дорога заказанная, всякими-де она крепкими наговорами зачурована".

— Так вот она ноне баба-то какая стала!— решили соседи и мало-помалу забывали о прежних несчастиях и неудачах Матрены, начиная видеть в ней нужного, а потому и дорогого человека.

— Сватьюшка! Матренушка-то знахарка баню новую приговорила рубить...

— Богоданная! У Матрены-то криворотой навес на дворе настилают новый, подкаты под избу-то новые ладит!

— Дьякона Арсения от запоя вылечила, у матвеевского плотника — Лукой звать —ногу вправила: опять работает, здоров.

— К управляющему на усадьбу возили, кровь отворила не хуже, слышь, коновала доброго!

— Эка баба, экая лихая баба: и к сиротам податливая, и к нищим призорливая, и к церкви усердная — не колдунья какая. На ворожбу ни на какую не подается, не гадает на картах, цыганское, сказывает, это дело, не мое, сиротское!

Вот уже что говорили в одно слово соседи и соседки года два спустя после того, как обзывали ее недобрым словом.

Деревенский люд незлопамятен, а обзыв да покор не считают грехом, причастные и сами этой слабости, по пословице: "Брань на вороту не виснет, на нее слово купится, да так прахом и минуется".

Сделавшись знахаркой, Матрена не отказывается и от повита и с прежней заботливостью старается не разглашать по соседям, что вот та-то баба мучится родами, чтобы легче разрешилась роженица.

По-прежнему советует родителям давать новорожденному имя первого встречного человека, чтобы не было ему тяготы и невзгоды в предстоящей жизни; ко всем приветливая, всякому готовая на услугу, Матрена вызывалась из дальней деревни съездить к попу за именной молитвой с шапкой. Поп читал ей молитву эту в шапку, произносил имя первого встречного в пути Матрене человека. Привозила Матрена эту шайку в избу роженице, вытряхивала имя и молитву из шапки и вполне убеждена была, что тем спасала всех, присутствующих при обряде и дотрагивавшихся до поганой роженицы руками, от осквернения. В последнее только время стала она отказываться от подобных поручений и прежде всех обряжала подводу, чтобы везти новорожденного прямо на село. Говорили соседи потом промеж себя, что Матрену выстегали за то на становой квартире больно шибко, что тут был благочинный и старик поп, который давал молитвы, что наказывали Матрене напредки не делать эдак.

— И пригрозили кандалы надеть и между солдатами по столбовой прогуляться в непутное место, что острогом зовут да каторгой прозывают. А деньги, что нажила про себя, все отобрали да еще наказали через год принести столько же! — подтвердил сотский говор и молву народную.

Соседи покручинились и про себя и с Матреной вкупе, Матрена повыла-поплакала горько, но устояла-таки на своем и жила опять своим ремеслом — не кручинилась.

И крута гора, да сбывчива, и лиха беда, да забывчива — говорит пословица. У Матрены пошло дело опять своим чередом — дорогой торной, прямым путем.

Матрена любила между делом и посудачить — не идти же ей наперекор со своим делом бабьим.

— Вот,— говорила ей вестовщица, та же побирушка-нищенка, которая подняла ее на погосте,— за Осеновым Митюхино выгорело: ребятенки репу пекли, да и набаловали в овине.

— А не обрубай они соседским коровам хвосты, не мешай они соседским поездам,[61] не кори девок горшками на свадьбах, не пачкай ворот дегтем...

— Все-то, мать, избы испелило, десять животов сгорело, махонького парнишку еле вытащили живехоньким. И жара-то какая, кормилка, была — словно из печи парило... Думали все, что светопреставление... Сам становой наезжал!

— Чай, пойдут на погорелое место просить?

— Вестимо, родимая, народ-то ведь все господской был, на овчинах стояли, да все, слышь, красавица ты моя, погорело... И первохристосные яйца бросали — не помогло, и молоко лили — не лучше стало. Старушонка тут у них жила, Ориной звать, так и ту в избеночке-то ее захватило. Кинулся народ-то: "Батюшки, мол, Оринушка-то сгорит!" Ан из избы-то, мать моя, ни словечка не слышно, хоть бы те что... Знать, мол, задохнулась,

---

[61] поезд — вереница саней или телег, везущая молодоженов и их родителей к венцу и из-под венца.

захватило дыханьице-то. Да швецы на ту притчу случились в деревне — народ-то, знаешь, боевой, один и выискался — Мартыном молодца звать — и кинулся к избушке-то. "Простите, мол, православные, мою душеньку! Не погибай-де, слышь, душа человечья на моих глазах; либо-де сгорю, а душеньку,— говорит,— спасу". Да и вломился в огонь, то индо, мать моя, зашипело что, и вытащил старушоночку, Оринушку-то эту, и вытащил сердобольную... Живехонька!.. Народ-то весь, моя мать, и шапки снял, стал креститься да кидать молодцу гроши да пятаки. Сам становой серебряный гривенник дал да по начальству, сказывали, отписать хотел. "Дадут, мол, тебе и больше супротив того". Да обгорел Мартын-то, всю-то рожу опалило, пузырей наскакало и невесть какая сила!.. Куды шибко обгорел...

И нищенка медленно покрутила головой и прослезилась.

— Пришел бы ко мне — поспособила!.. А не то ведь и самому не какая хитрость лапушнику-то нарвать да и обложить рожу-то с маслом...

— То-то, желанная ты моя, тебя-то я тут и вспомянула: вот как бы, мол, божья раба Матренушка-то наша была здесь — отдохнул бы молодец, желанная-то, мол, моя не поспесивилась бы — помогла. А пойду-ка, мол, к ней да поклонюсь, не изломала ли де кручина-то ее, да и ниточек-то, мол, попрошу: армячишко заплатить. Знаю, смекаю себе, не откажет душа ее добродетельная сироте бесприютной!.. Наградит ее Тифинская Пречистая!.. Сама... сирота...

Последние слова нищенка выпевала громко уже посреди судорожных всхлипываний, но, конечно, не оставалась в накладе — старый кафтанишко в заплатах заменялся хотя и подержанным, но еще крепким, а ниток получила целую пасму.

Матрена знала, что старуха, бродя из деревни в деревню, разнесет об ней молву как об лучшей лекарке и сторицею заплатит ей за подарок.

Дело повитухи справит, пожалуй, легко и удобно всякая баба. Матрена повитом не много бы взяла, ухватила бы ее нужда поперек живота, если б не помогли ей первые удачи в знахарстве и сердобольные нищенки, в беседах с которыми она находила и отраду и заручку. При помощи их рассказов в самых дальних деревнях стали знать о Матрене. Правда, что нечасто берет недуг неладно скроенного, но крепко шитого русского человека. Правда, что сильны и тяжелы исходом и последствиями те недуги, какие ложатся на могучие плечи простого человека и, старея со дня на день, делаются по большей части неизлечимы до гробовой доски. Правда, что надежда больного не покидает до последней минуты жизни и он продолжает искать искусного человека, который бы мог дать такого снадобьица, чтобы болезнь заморило. Правда, наконец, что твердо знает всякий мужичок о том, что нет того города, где бы не жил такой присяжный искусник, который лечит от всех недугов и за то носит пуговицы светлые, чиновником зовется и в уезд наезжает все на мертвые тела.

— Да как ты к нему приступишься?— думает мужичок.— С медяками-то ржавыми к нему не пойдешь, а серебро-то по карману не черт же сеял, бумажных денег и по полугоду не доискиваешься. Да и на какого человека попадешь — иной тебе и говорить-то по нашему не умеет; ни он тебя расспросит, ни то место больное нащупает. Снадобей-то всегда забывает прихватить с собой и отсылает за ними в город. И не диво бы в город съездить про свой живот, кабы пора не рабочая, да коли б и снадобья-то эти сподручнее были, а то жгут, больно жгут и карман и спину. Кладут там нашего брата в больницу такую, где только за выписку берут деньги да за харчи, какие ты там поешь, а попробуй-ка полежи там подольше да расплатись с ними на чести — в избу-то свою и не заглядывай — волком взвоешь, все там быльем порастет, собаки ложки моют, козы в огороде капусту полют. А давай-ка нам знахаря поближе, да такого, чтобы его руками-то ухватить было можно, чтобы за приход-от либо пасмой ниток, либо пахтаньем, либо новиной какой, а не то — коли и денег выпросит — так полтиной медью и себе бы и ему удовольствие можно было сделать. Это вот по-нашему, по-крещеному. А то светлых пуговиц до смерти боюсь, ну их!.. Эти же к тому немчи — нехристями такими смотрят, что нашему брату, православному человеку, и подступиться боязно. А гляди — как ты тут ни судачь, ни ворочай — по знати-то, да по старой памяти, что по грамоте — и полезно и никому не обидно. Сказывали бабы: в которой деревне Матрена, что божьи-то люди хвалили, живет?

Идут к Матрене и мужики и бабы больные, и последним подчас легче, потому что Матрена и ласковым, обнадеживающим словом найти и приголубить умеет всякого и потому еще, что тех больных, которые подошли крепко и немогутны стали, она не поскупится у себя в избе оставить и станет ходить за ним, что за своим роженым детищем. Да и Матрена не в накладе от своих больных и советчиков. Запасы свои она продает на чистые деньги офеням-ходебщикам да прасолам-булыням,[62] ест она не свое, а дареное, житье ее что

---

[62] прасол-булыня — бродил по деревням и скупал у крестьян лен, холсты, пеньку, щетину и т. п. для перепродажи на торгах и ярмарках.

сыр в масле: кроме прибыли ничего не видать ни с какой стороны.

Раз порастрепал ее, сказывали, становой по наговору городского лекаря и пригрозился ее в острог запереть, так только с год у Матрены изба новая некрытой стояла, да жалобилась девка недель пять кряду своим соседям, что нонче-де житье сиротское еще горше стало, чем было прежде, что и народ-то беднее стал, деньгами-то ей за знахарство и носить перестали и только. Через год — не дальше — изба ее все-таки стояла такою приглядною, новою, чистота в ней соблюдалась такая, что и у иного помещика не отыщешь: на Рождество Матрена все стены мылом мыла, в великий Четверток к Пасхе весь пол ножом выскребала. Дивились мужики толковости и находчивости Матрены и упрекали ею своих баб:

— Смотри, нечесы, в избе-то у нее словно рай цветет. Просто так посидеть, так в удовольствие тебе и в веселье. Про снадобья-то у ней шкапчик эдакой зелененький, а и там, что в лавке городской, таково приглядно... Все хорошо, все благовидно, одно слово сказать, чай начала пить купецким делом, и разговоров не надо...

Позднее, гораздо позднее, когда уже Матрена приобрела значительный навык в лечении болезней, привелось ей попечалиться на тот общий недуг, которым давно уже, хотя и излечимо, болит простой русский люд. Матрена была неграмотна и, не имея случая подумать об этом, жила себе, горя не ведая, до той поры, пока местный грамотей-доточник не принес ей писанной книги, значительно засаленной и измызганной. Прочел он ей заглавие. У Матрены и глаза разгорелись: "О травах различных вкратце, на каком месте которая трава растет и какова ростом и цветом и к чему которая трава угодна, и о болезнях вкратце". Понеслись мимо ушей Матрены лакомые, соблазнительные заголовки: вот средства от зубов, от угрей, от лишаев, у кого ум или мозг порушится, буде кто не спит, у кого очи свербят, о сверчке у кого в ухо зайдет, аще кто храплет, у кого волосы в гортани растут, у которого человека битого кровью займет у сердца.

— Прочитай-ка, прочитай, кормилец, экое место,— перебила Матрена.

— Добудь десять раков,— читал грамотей, заручившись полуштофом угощения,— истолки и процеди и того отвесь три золотника, да крови козлячьей семь золотников, смешай все с пивом и пей по разу.

А как жена долго не разродится,— продолжал грамотей на соблазн повитухе.

— Выпей-ка еще на здоровье да читай, что пониже этого значится,— приговаривала та, жадно следя за глазами читающего и вся превратившаяся в слух и внимание.

— Напиши на бумаге ирмос "От земнородных", кто слышал таковая, весь до конца и привяжи на голову или под пазуху — скоро бог дает.

От зубов,— читал грамотей,— поймай воробья живого и выколи у него зеницу и положи на зубы и зубы тем мажь. От икоты — грызи капусникова коренья; сердце икать перестанет. Огнь в очах — излови во исходную пятницу зайца живого и вынь из головы мозг и тем мажь очи. Сие сотворил лекарство Адам, праотец наш. От уразу и от побоев — емли траву чабру и парь в вине, и пей на дщее сердце (натощак).

Есть трава именем Архангел, собою мала, на сторонах по девяти листов, тонка в стрелку, четыре цвета: червлен, зелен, багров, синь. Та трава вельми добра: кто ее рвет на Иван-день сквозь златую или серебряную гривну и та трава носит, и тот человек не боится дьявола ни в ночь злого человека; аще на суд пойдет — одолеет супротивного, и цари и князи любят его и всякие люди, А корень ее добр: у которой жены детей нет, то истолки в молоке и дай пить, то конечно будут дети, или порча за тридцать лет здрава сотворит, исцелит. О купальнице: до солнечного восхода встань и будь чист, а копать руками без дерева, а говорить: "Господи, помилуй" 100 раз, а потом: "Аминь", а она вынять из земли перекрестись, а взять тремя персты правой руки, да левой один большой, и поцелуй траву трижды, а корень ее пятью и обвей златом или атласом или камчатным лоскутком, и держи в дому твоем, на путь ее с собой емли, и на войну, и на суд, и в пир, и от ведунов, не будеши испорчен. Есть трава именем глава Адамова, растет возле сильных раменных болот кустиками по пяти и по шести и по десяти листов вместе, высотою в пядь, цвет багров, иной рудожелт, а как расцветет — ино вельми хорош кукшинцами, всяким видом, и ту траву рвать с крестом Христовым и говори: "Отче наш" и псалом 8, а кто не имеет грамоты, да сотворит 300 молитв Иисусовых, и принеси ту траву в дом свой и который человек порчен да пьет — здрав будет, а кто хочет дьявола видеть или еретика, то ту траву пей и корень освяти водою и положь в церковь на престол и как минет 40 дней и ты носи при себе и узришь воздушных и водяных демонов, а кто хочет мельницу ставить — держи при себе — вода стоит, где хочешь, или церковь ставить — положь на землю ту, а как ранят человека и приложи, и та трава именуется во многих травах царь-трава.

Вот те три великие, заповедные, зачурованные от непосвященного глаза тайны, без которых не смеет умереть ни один доточник, ни одна знахарка, не передавши ее при приближении смертного часа кому-нибудь из Приспешников и притом при смертной клятве на родных и знаемых, на кровных родителей, на свою утробу богодатную, на свои кости от ребра Адамова. В противном случае затаивший или не успевший передать при жизни эту тайну другому надежному человеку и по смерти не найдет покоя: станет подниматься в глухую полночь из гроба, выходить из могилы и плакаться человеческим плачем и голосом и изнывать на всех тех местах, где сотворил какой-либо из семи смертных грехов. Будет пугать тот мертвец всякого живого человека до той поры и времени, когда найдется смелый и умелый, чтобы переложить мертвеца в гробу навзничь, подрезать мертвому пятки и вбить ему в спину между лопатками осиновый кол.

www.ingramcontent.com/pod-product-compliance
Lightning Source LLC
LaVergne TN
LVHW030216230826
846093LV00010B/484

* 9 7 9 8 8 8 9 4 2 2 9 6 9 *